Los ENCUENTROS

"LO IMPORTANTE NO ES LLEGAR, SI NO QUE VAS DE CAMINO"

Julian Martinez Yordan

Order this book online at www.trafford.com
or email orders@trafford.com

Most Trafford titles are also available at major online book retailers.

Printed in the United States of America.

ISBN: 978-1-4669-0982-3 (sc)

Trafford rev. 06/13/2012

www.trafford.com

North America & international
toll-free: 1 888 232 4444 (USA & Canada)
phone: 250 383 6864 ♦ fax: 812 355 4082

Dedicatoria

A mi querida ahijada, Inés Martínez Madera. La que al leer la primera parte de este libro, me estimuló para que lo terminara . . .

Y a mi madre, doña Dora, que está en el cielo y desde allí me sigue amando.

$\mathcal{R}$econocimiento

Deseo expresar mi agradecimiento a todo aquel que de una forma u otra me ayudó con sus ideas, sugerencias, críticas, correcciones y otros detalles envueltos en la preparación de un libro. Particularmente a mi hijo Dr. Ricardo Martínez, mi fraterno Rubén Colon, mi amigo Marcos Figueroa, mi sobrina Milagros Conesa y a mi ahijada Inés Martínez.

Y muy especialmente a mis hijos Julián, Maritza, Guillermo, Ricardo, Edgardo, Eduardo y Orlando por haberme dado la inspiración para escribir este libro y la extraordinaria experiencia de ser padre.

Sin su cooperación, ayuda e inspiración este libro no hubiera podido completarse.

Índice

*I*nformación sobre el libro

El contenido de este libro es extremadamente complicado pero fácil de entender. Los temas están divididos en quince encuentros conversacionales entre un profesor universitario retirado y un joven estudiante. Ambos desarrollan una amistad extraordinaria y los temas tratados revelan que hay un misterio espiritual en un lugar no circunscrito y no antes explorado en nuestra vida.

Debemos entender que como resultado de nuestras experiencias adquiridas todos tenemos una forma de pensar, de actuar y ver la vida. Por esta razón, es posible que alguno de los temas tratados entre en conflicto con la manera de pensar que hasta ahora hayas tenido.

Pero al analizarlos, y entenderlos estos se incorporan a nuestro conocimiento creando cambios de ideas y los conflictos intelectuales se desvanecen. Entonces despertamos a un nuevo amanecer. Seremos felices, prospero, tendremos abundancia, buenas amistades, salud y energía para controlar el dolor, suprimir enfermedades y todo aquello en la mayoría de las veces te maltrata y te abusa.

La decisión de explorar esa nueva realidad, constituye el primer paso hacia la iluminación. Aumentaras tu conocimiento y cambiaras tu manera de pensar y ver la vida. Porque, "cuando la mente conoce, al cuerpo no le queda otra cosa que cambiar". El camino resultara muy agradable y comprenderás que "lo importante no es llegar si no que vas de camino"

Capitulo Primero
Introducción

Atreves de la historia el ser humano se ha preguntado cómo tener acceso a la salud al bienestar y al poder que en abundancia e ilimitadamente Dios nos otorgó a todos sin distinción.

En la mayoría de las veces nosotros acudimos a Dios por su respuesta pero a pesar de la misma ser inmediatamente contestada, no es recibida por nosotros.

Somos nosotros y nadie más los que por falta del conocimiento específico no sabemos posicionamos en la alineación correcta y bloqueamos, sin darnos cuenta, el que la respuesta debidamente concedida por Dios llegue a nosotros.

Para que nuestro deseo se materialice en nuestra vida es menester tener el conocimiento específico. Para eso tenemos que tomar la decisión de salir de la ignorancia, del inmovilismo y del viejo y anticuado conocimiento que en ocasiones solo da importancia a la ilusión, y emprender el camino hacia lo no conocido. Es en ese caminar donde experimentaremos periodos de constante iluminación hasta obtener, paso a paso, el verdadero conocimiento.

Cuando esto se dé, reconoceremos que no somos nuestra mente, que la mente esta para servirte y no permitirás dejarte engañar por lo que erróneamente, muchas veces, te dictan los sentidos.

Muchos tienen ese conocimiento. Son aquellos que las personas ignorantes los catalogan de tener suerte porque son prósperos, saludables y la vida le sonríe.

A través de la interacción de nuestros dos personajes este libro nos enseña en forma profunda y extremadamente complicada pero sencillamente explicada y fácil de comprender, la mecánica necesaria para tener acceso a todo lo que la inteligencia superior quiere para nosotros y puso en el universo para nuestro uso y disfrute.

Cada encuentro profundiza en los temas anteriores con el objetivo de aclarar las dudas y ayudar a metabolizar el conocimiento que vamos adquiriendo. Por eso es menester que no te adelantes en los encuentros y no pases una página sin antes haberla entendido completamente. Si entiendes que algo necesita más explicación no te desesperes. Más adelante en el tiempo preciso aparecerá la explicación que necesites.

La forma en que nuestros protagonistas se encuentran y la química desarrollada entre ellos son sumamente extraordinarias. El joven se comporta como todo un estudiante con deseos de saber y conocer el porqué de las cosas. El señor hábilmente lleva al estudiante hasta el umbral de su conocimiento y el universo, por su parte, le responde creando el ambiente ideal para el flujo de ideas y conocimientos que el joven deseaba.

Por eso, en múltiples ocasiones alguien, llega a nuestra vida de forma inesperada con la respuesta, al compartir sus conocimientos y sabiduría con nosotros. Muestra interés, comprensión y nos da pautas sabias y atinadas a seguir. Y las seguimos.

Cuando esto pasa, los resultados son maravillosos. Experimentamos cambios sorprendentes en nuestra manera de pensar y ver las cosas.

Nuestra vida es transformada de forma positiva.

Empezamos a experimentar cosas milagrosas, despertamos habilidades que sin darnos cuenta siempre teníamos.

Aprendemos a controlar el dolor y disolver fuera de nuestra entidad física todo aquello que en la mayoría de los casos nos acosa, nos maltrata y nos abusa

Aprendemos a formular postulados y maravillosamente materializar lo deseado.

Nuestra comunión con Dios se enaltece y nuestra relación con nuestros semejantes se extiende y profundiza.

Empezaremos actuar con divinidad y consonó con lo que Dios desea para nosotros. Nuestra vida es transformada por el nuevo conocimiento adquirido y ya no habrá marcha atrás. Jamás podremos volver a ser los mismos que éramos antes.

Es un despertar a un conocimiento que siempre ha estado dormido desde nuestro nacimiento pero por miedo a no saber lo que podemos encontrar al ser despertado, nos sumimos en la ignorancia voluntariamente infligida y nos negamos el poder y la felicidad a la cual siempre hemos tenido el derecho.

Eso fue precisamente lo que sucedió con nuestros personajes. Es por eso que decidí escribir palabra por palabra, todo lo que hablaron y transcurrió entre ellos.

Este libro no contestara toda tus interrogantes pero te aseguro que despertara en ti el deseo de caminar hacia la iluminación. Entonces, cuando empieces a caminar, entenderás que "lo importante no es llegar sino que vas de camino"

Atrévete a conocer y veras cuán grande es tu poder y todo lo que hasta ahora te has negado tener.

Capitulo Segundo
Los Encuentros

Primer Encuentro

La Fuente de agua

Recuerdo que una noche no pude conciliar el sueño. Me levante y me dirigí al refrigerador. Me serví una taza de leche y me senté junto a mi escritorio.

Note que había dejado la computadora encendida y rápidamente tome acceso a la sección de escribir cartas. Deje que mis dedos recorrieran el teclado mientras tomaba mi taza de leche.

De pronto corrió por mi mente la figura de dos personas que estaban próximas a entablar una interesante y extraordinaria conversación.

Mentalmente me fui acercando sigilosamente a ellos hasta notar claramente, que uno era un señor entrado en años y el otro, era un joven de aproximadamente diecinueve años.

Por la manera casual de vestir y comportarse, el joven resultó ser un estudiante que cursaba su primer año en la universidad del pueblo. Portaba un bulto o mochila donde seguramente cargaba sus libros de estudio y en sus manos portaba un celular.

El señor vestía conservadoramente. Aparentaba tener sobre setenta y cuatro años. Su cabello, aunque abundante, al igual que su barba, pintaba de color grisáceo. En su mano derecha portaba un libro que, a juzgar por el marca-paginas, parecía haber estado terminando de leer.

De lejos parecía que estaban sentados al aire libre. Más tarde, y mientras me fui acercando sigilosamente para no ser descubierto, pude notar que estaban sentados en uno de los bancos de la histórica plaza de recreos.

El banco daba frente a una majestuosa fuente de agua que adornaba el centro de la plaza.

La fuente estaba encendida. Eran como las cuatro y media de la tarde. Y sus luces multicolores parecían tratar de pintar los chorros de agua que se elevaban a lo alto para desde allí, precipitarse hacia abajo contra las figuras de cuatro imponentes leones bronceados que adornaban la fuente.

Era algo ya peculiar y de esperarse que, dependiendo de la dirección del viento, los chorros de agua al precipitarse hacia abajo, mojaban y refrescaban levemente a los transeúntes y turistas que a diario se aproximaban a la fuente.

De pronto el señor de cabellos y barbas grises rompió el silencio. A manera de entablar conversación con el joven, murmuro que la fuente se veía con mucha energía cuando estaba encendida, con sus chorros de agua dirigidos a lo alto, sus cambios de colores y las figuras de sus leones que empapados de agua, daban frescura al ambiente.

El joven le contesto que cuando la fuente no está encendida se ve triste, quieta y sin energía.

Todo tiene energía, dijo el señor. Aun los leones que son figuras de color bronceadas, aparentemente inertes tienen energía y además se mueven.

¿Cómo que se mueven? Pregunto el joven estudiante, ávido de saber a qué se refería el señor. Y pregunto, ¿Podría explicarme?

Si, con mucho gusto, contesto el señor, pasándose las manos por su cabello y barbas grises mientras se acomodaba en su banco, como quien está seguro de su respuesta . . .

O tal vez como un profesor retirado. Que añora su cátedra en la universidad del pueblo. Y veía una oportunidad de dar instrucción al joven, que como sus antiguos estudiantes, parecía desear, conocer y aprender algo nuevo.

Veras, dijo el señor, Albert Einstein dijo que "nada sucede hasta que algo se mueve".

Correcto dijo el joven estudiante. Es por eso que dije que cuando la fuente está apagada esta quieta, inmóvil y falto de energía.

Estas parcialmente correcto, dijo el profesor, solo que eso es lo que te dictan tus sentidos. Y añadió, puedes ver con tus ojos que la fuente está apagada, no hay luces, el chorro de agua no circula, tus oídos no sienten el ruido de la fuente y tu cuerpo no percibe la frescura del agua al caer.

Te traicionan tus sentidos. Piensas que nada se mueve pero en realidad todo se mueve. Aun las figuras de los leones aparentemente inertes y sin vida, se mueven.

Bueno, dijo el joven estudiante, con tono incrédulo, yo también lo entiendo parcialmente, pero necesito que me explique un poco más.

Claro, contesto el señor de barbas grises. A pesar de que Albert Einstein dijo que "hasta que las cosas no se mueven nada sucede", la realidad es que todo es energía y siendo así, todo está en movimiento. Lo que pasa es que hasta que no lo miramos no pasa nada para nosotros. Pero eso no quiere decir que no estén moviéndose.

La tierra, por ejemplo, gira alrededor del sol a velocidad vertiginosa, cada 365 días. Los cuerpos celestes dentro de nuestra galaxia y otras galaxias similares, se mueven aun sin nosotros individualmente sentirlo, ni experimentarlo. El banco este donde estamos sentados, también se mueve junto con nosotros. También las figuras de leones de la fuente y los autos estacionados alrededor de la plaza de recreos, se mueven. Esto es así porque en todo objeto hay energía. La energía es sinónimo de movimiento, dijo el señor.

Continúe por favor, dijo el estudiante, a la vez que cruzaba una de sus piernas al otro lado del banco para ponerse frente a frente a su interlocutor y prestarle toda su atención.

Si tomamos por ejemplo, dijo el señor, un potente microscopio y extraemos un pedazo de concreto de este banco, donde estamos sentados, y lo acomodamos bajo ese potente microscopio, notaremos que ese pedazo de concreto no es sólido.

El pedazo de concreto no lo veremos. Prácticamente ha desaparecido. Lo que veremos es la estela que deja la energía de las partículas microscópicas en constante movimiento. Ese pedazo de concreto puede ser también un pedazo de metal, de madera o cualquier otro objeto de los que llamamos materia.

Si vemos el banco donde estamos sentados, y las figuras de leones de la fuente, en forma sólida, eso se debe a que a simple vista no podemos ver las partículas microscópicas en las cuales se descomponen esos objetos. Pero si usamos el potente microscopio, antes mencionado, entonces podemos percatarnos de que en realidad estos objetos no son sólidos. Son simplemente energía en constante movimiento.

El joven permaneció quieto por breves momentos. Luego le pidió al señor que lo dejara resumir lo explicado para ver si él había entendido.

El señor le indico que tenía la palabra.

Entonces, dijo el estudiante, los ejemplos de objetos que usted uso se puede extender para cualquier otro objeto. Como lo sería un auto, un edificio, un árbol

Correcto, dijo el profesor.

Y debemos entender profesor, dijo el estudiante, que eso incluye también un cuerpo de agua y también el cuerpo humano.

Correcto, dijo el profesor.

Entonces profesor, pregunto el estudiante, ¿podemos decir que prácticamente las cosas materiales incluyendo el ser humano son nada?

No, contesto el profesor, no podemos decir que somos nada, porque somos algo. Somos un cuerpo humano, un banco de la plaza, un automóvil, un árbol, una silla o un escritorio.

Lo que pasa, dijo el profesor, es que cuando observamos esas cosas materiales atreves de un potente microscopio, no vemos nada de materia en ellas.

Pero profesor, dijo el estudiante, yo entiendo que hay ausencia de materia. ¿No es así profesor? Pregunto el estudiante.

Si, estas en lo correcto, dijo el profesor. Y añadió, pero esa ausencia de materia no reduce el objeto a la condición de "nada", porque hay algo. Y añadió, hay fluctuaciones de energía en movimiento. Y eso es algo. A ese algo se le llama "energía en movimiento".

Entonces profesor, ¿podríamos decir que todo es "energía en movimiento?"

Bueno, dijo el profesor, por ahora debes conformarte con saber que todo lo que nosotros llamamos materia, al reducirlos en sus elementos más básicos, resultan ser energía. Esa energía, continuo explicando el profesor, no la podemos ver a simple vista. Pero al mirarla atreves de un potente microscopio lo que vemos son las fluctuaciones de esa misma energía al moverse.

Hubo un silencio más o menos breve. El joven no interrumpió con más preguntas y el maestro no invadió can más explicaciones. Ambos permanecieron mirando a la fuente, los chorros de agua que se impulsaban a lo alto y las figuras de los leones, que aunque aparentemente estáticos, ahora le parecían al estudiante en movimiento.

El silencio continuo por un buen rato. Ninguno interrumpió el ruido de las cristalinas aguas de la fuente con sus cambios de colores, ni el agua cayendo desde arriba impregnando de frescura a los leones, el derredor de la fuente y el ambiente.

El profesor miro fijamente al estudiante convencido de que estaba frente a una persona inteligente y pensó que este joven era capaz de hacerle sentir aquella satisfacción que había sentido en su pasada cátedra universitaria. En aquel entonces distribuyo el pan del conocimiento a sus estudiantes y sintió el placer de ver los frutos de su enseñanza.

El silencio fue abruptamente interrumpido por un pordiosero que se dirigió a los protagonistas pidiéndole dinero. "unas moneditas para poder comer", fue lo que dijo. Ambos contribuyeron y el silencio continúo por unos breves instantes.

Luego el joven reanudo sus preguntas. El viejo profesor estaba preparado y continuaron el dialogo. Esta vez fue más intenso, más elevado y profundo.

Entonces, dijo el estudiante, ¿todos somos iguales, usted el pordiosero y yo somos todos iguales?

Correcto, dijo el profesor de barbas grises. No hay diferencia alguna entre nosotros o cualquier ser humano. Todos somos iguales.

Bueno, dijo el estudiante, eso yo lo entiendo. Yo sé que todos somos seres humanos y como tal, somos iguales ante Dios y nadie es mejor que otro.

Bueno, dijo el profesor, tu explicación esta correcta pero no del todo completa. Y añadió, el asunto no es que ante Dios, todos somos iguales solamente. Si no que químicamente hablando, o mejor dicho, nuestros componentes materiales, por así decirlo, son exactamente iguales.

Y así decimos, continúo el profesor, que tú, el pordiosero, y yo somos materialmente iguales al banco de concreto que estamos sentados, al auto que está estacionado frente a la plaza . . . Así como la silla o el escritorio que tenemos en la casa. Y añadió, es por eso que decimos que "todos estamos conectados".

Bueno profesor, dijo el estudiante, entiendo perfectamente que la parte material del ser humano sea igual que otro objeto material. Pero usted sabe que el ser humano también tiene un alma espiritual.

Correcto, dijo el profesor. Pero la parte espiritual del ser humano no la hemos tocado. Solamente hemos hablado de los componentes químicos que componen su parte material.

¡Wow!, dijo el estudiante. Interesante por demás su disertación. Y añadió, su explicación fue profunda pero a la misma vez sencillamente explicada y por eso la entendí perfectamente. Ahora, dijo el estudiante, desearía me explicara ciertos conceptos que necesito armonizar, para cuando este analizándolos tenga el cuadro completo.

Bueno, dijo el profesor, preséntame tus inquietudes y yo veré como darle seguimiento.

El estudiante se acomodó en el banco, levanto los hombros como para impresionar al profesor con su nueva pregunta. Y mirando fijamente a su maestro le presento sus inquietudes:

Debo entender profesor, que los objetos llamados materiales se nos presentan en estado material cuando los observamos a simple vista. Pero si los observamos atreves del potente microscopio no veremos absolutamente nada. Solo vamos a percibir las fluctuaciones de la energía moviéndose.

Correcto, dijo el profesor.

Entonces profesor, ¿porque se da este fenómeno de ver el objeto como materia si en definitiva ese objeto no es materia?

Bien dijo el profesor. ¿Recuerdas cuando te dije que Albert Einstein dijo que "nada sucede hasta que algo se mueve?"

Si profesor, lo recuerdo, contesto el estudiante.

Bien, pues lo que realmente pasa es que no es hasta que nosotros nos aventuramos a mirar algo, que ese algo queda afectado por el tiempo y el espacio. Al quedar afectado por el tiempo y el espacio lo vemos en el estado material.

Entonces profesor, dijo el estudiante, ¿las cosas cobran vida al momento de nosotros mirarlas?

Correcto, dijo el profesor. Cobran viva para el que la esté mirando en ese momento.

Entonces, dijo el estudiante, ¿tenemos que decir que las cosas no existen para nosotros mientras no las estamos observando?

Así es, contesto el maestro. No existirán para ti hasta que tú la mires, pero existirán para aquel que la esté mirando en ese momento.

Deepack Chopra en su libro *Everyday Immortality* nos dice que "When I make the choice to observe the subatomic world of mathematical ghosts, the ghosts freeze into space/time events or particles that ultimately manifest as matter."

Chopra nos quiere decir que no es hasta que yo tome la decisión de observar algo, ese algo, antes de yo observarlo no es sino un fantasma matemático de partículas subatómicas pero cuando yo decida observarlo estas quedaran congeladas o paralizadas en eventos de tiempo y espacio o más bien en partículas que últimamente se manifestaran como materia.

En otras palabras, que antes de nosotros tomar la decisión de observar lo que sea, lo que existe únicamente es un fantasma cuantitativo en un campo de infinitas probabilidades.

Entonces profesor, dijo el estudiante, si decido no observar, entonces el objeto no observado, ¿no existirá para mí?

Correcto, ya que no tendrás la experiencia de observarlo, contesto el profesor. Por eso, continuo el profesor, es necesario que tú decidas ser un observador para poder tener la experiencia de observar.

El estudiante permaneció en silencio por unos instantes como analizando lo recién aprendido y planeando su última pregunta, antes de despedirse del profesor.

El profesor también permaneció en silencio quizás preparándose para la próxima pregunta, que de seguro le formulara el estudiante.

Y así fue. Al rato, el estudiante le pregunto al profesor si el mismo podía observarse así mismo. Esto es, a su propio yo interior.

El profesor le contesto con un rotundo "no"

¿Cómo qué no? riposto el joven estudiante. Y añadió, yo me estoy observando ahora mismo y me veo completamente tal y como soy.

Siento defraudarte, dijo el profesor. La realidad es que tú no puedes ser tu propio observador porque para eso tendrías que paralizarte tú mismo en evento de tiempo y espacio. Y tú, mi querido amigo eres un ser espiritual. Perteneces al ámbito astral, al mundo espiritual donde no estas sujeto al tiempo ni al espacio.

Lo que tú podrías observar es a tu cuerpo material así como tú observas al cuerpo de tu amigo, o a tu auto o a cualquier otro objeto material, dijo el profesor. Pero no podrás observar tu verdadero yo interior. Y añadió, tú no eres ni tu cuerpo, ni tu mente. Tu verdadero yo es un ser interior, espiritual.

Otra vez reino el silencio entre nuestros personajes. Ambos individuos permanecieron sin cursar palabra alguna por un espacio de tiempo más o menos extenso. No sé qué hacían ni porque la duración tan larga del silencio. Pensé que ambos parecían no querer despedirse y continuar la plática.

De pronto el joven cobro ánimo y se puso de pie para despedirse. Le comunico al profesor que sus compañeros de estudios, lo estaban esperando y tenía que marcharse.

Antes de partir le dijo al profesor que desearía volver a encontrarse con él y continuar la plática, que dicho sea de paso, fue muy educativa y altamente interesante.

Bueno, dijo el profesor, yo estoy retirado, pensionado por así decirlo. No tengo compromiso alguno y tu compañía me fue muy agradable. Usualmente vengo a mi plaza dos veces por semana. Casi siempre los miércoles y viernes. Llego como a las cuatro o cuatro y media de la tarde. Es aquí donde puedes encontrarme, le dijo.

Esta plaza de recreos me trae muchos recuerdos de cuando yo era joven como tú. Frecuentaba esta plaza mucho con mis amigos y amigas y me trae recuerdos que de esos tiempos que ya no volverán jamás.

El estudiante, aunque tenía prisa de partir no le interrumpió y le dejo hablar lo que parecía ser sus sentimientos y recuerdos de su juventud.

Luego le extendió la mano al profesor en señal de saludo y despedida, ya que no se habían saludado antes y se marchó en forma apresurada como quien se extendió más de la cuenta en tan interesante conversación, y ahora se encontraba tarde para su encomienda futura.

Note que el profesor se quedó triste, un poco cabizbajo y pensativo. Observe también que movía sus labios como balbuceando o queriendo decir algo, pero no pude escucharlo.

Por otro lado, el joven, al caminar hacia su encuentro con sus compañeros de estudios, se quedó pensando en lo corto, pero productivo, de la interesante charla.

Segundo Encuentro

Plaza de recreos

El joven estudiante se olvidó por un tiempo del profesor. Estaba dedicado a sus exámenes finales en la universidad. No fue hasta la cuarta semana, que ya libre de sus responsabilidades escolares, se aventuró a la plaza de recreos a ver si encontraba a su maestro. Visito la plaza de recreos varias veces los miércoles y viernes, días en que el señor dijo acudía a la plaza, pero no logro dar con él. Pregunto por el profesor a personas que usualmente veía en la plaza pero como no sabía su nombre, nadie parecía conocerle.

No fue hasta la quinta semana, un miércoles como a las cuatro y media de la tarde, que pudo encontrarlo allí, sentado justo en el mismo banco frente a la fuente de agua.

A medida que el joven caminaba hacia el señor, noto que en sus manos tenía una cadenita blanca conteniendo unas llaves las cuales se entretenía pasándolas de mano en mano. Al encontrarse frente a frente se saludaron. Intercambiaron palabras más o menos sin importancia. El joven le explico la razón de su ausencia prolongada y el viejo profesor, mostrando comprender a su estudiante, movió la cabeza en señal de aceptación.

El joven se quedó aludido por el llavero que el profesor tenía en sus manos. El llavero consistía de una pequeña cadena blanca de esterlina con broche de oro de 18k. Contenía tres llaves una azul, una blanca plateada y la otra era una llave antigua, vieja color oro desgastado.

La llave antigua, vieja, color oro desgastado, fue la que más le llamo la atención al joven estudiante. Dijo nunca había visto una llave así y le pidió al profesor que se las mostrara para examinarlas con detenimiento.

¿Me imagino que de estas ya no vienen y no se pueden hacer copias? pregunto el estudiante al profesor.

Eso es parcialmente correcto, contesto el profesor. La realidad es que todo es posible y si realmente necesitara hacer una copia, de seguro encontraría alguien que la haga. Pero eso no es importante, añadió el profesor. Esta llave no tiene ningún uso práctico. Es un regalo de mi abuelo y solo tiene para mí un valor sentimental.

El estudiante observó detenidamente el llavero y luego le confeso al maestro que él había quedado un tanto impresionado con la combinación extraordinaria del mismo.

Vera usted, continuo el estudiante. Usted ha integrado el "glamour" y la delicadeza de la cadenita sencilla de esterlina con el lujo de un broche de oro de 18k para encerrar dos llaves comunes y corrientes con una llave vieja, obsoleta, antigua color oro desgastado que, por lo que dijo usted, debe tener un valor sentimental incalculable.

Bueno, dijo el profesor. Nunca pensé que alguien analizara mi llavero en esa forma. Y añadió, ¿podrías tu decirme que dice el llavero de mi persona?

Su llavero me dice que usted es una persona sencilla, humilde y que no hace distinción valorativa entre una cosa y otra. Pienso que usted no discrimina y que en vez de interesarse por el precio de las cosas, se interesa más por su valor, contesto el estudiante.

El profesor se quedó mirando fijamente al joven estudiante. Luego se sonrió y le pregunto si el llavero no decía algo más de su persona.

El estudiante le contesto que por lo poco que conocía de él, no veía nada más que decirle. Por otro lado, dijo el estudiante, él estaba seguro de que si esta amistad continuaba, ya él tendría algo más que enumerar de su persona.

El profesor se sonrió con picardía y le comunico al joven que de eso no le quedara la menor duda. Ya que él, con el tiempo, ya tendría sobradas cosas que "enumerar de su persona".

Por ahora, dijo el profesor, debo decirte que no me creo merecer la descripción que has hecho de mí, pero agradezco la deferencia que has tenido para este servidor. Luego extendió sus manos al estudiante, tomo su llavero y lo coloco en el bolsillo izquierdo del pantalón. Entonces, sin perder más tiempo, comenzaron la conversación.

Vera usted profesor, me impacto mucho la conversación anterior, dijo el estudiante. No tanto lo referente a que ante Dios somos todos iguales, porque eso es obvio . . . Pero le confieso que lo referente a que un ser humano, una silla y un escritorio sean esencialmente iguales en relación a sus componentes, es algo impactante y quiero conocer más.

Me place sobremanera tu interés, dijo el señor de barbas y cabellos grises. Cuando te vi me impresionaste como uno que no se conforma con la definición de las palabras, si no que quieres saber también su etimología.

Dime, querido amigo, ¿qué más quieres saber, cuáles son tus inquietudes? Pregunto el profesor.

Yo quiero saber, dijo el estudiante, que si las cosas que llamamos materiales realmente no son materiales sino que solo son energía e información, tenemos que pensar que eso es algo parecido a un pensamiento o a una idea. ¿No es así profesor?

Correcto, dijo el profesor. Eso es así. Y añadió, la comunidad científica antes nos dijo que la partícula más pequeña de la materia era el "átomo". Más tarde se nos dijo que el átomo se subdivide en otras partículas más pequeñas que se denominan "partículas sub-atómicas". La materia, vistas atreves del microscopio, no se ve como materia sino que lo que se ve son fluctuaciones producidas por el movimiento de las partículas microscópicas que constituyen lo que llamamos la materia. Por lo tanto, a ese nivel no existe la materia como tal sino pura energía en movimiento. Y esa energía tiene información y esto es igual a un pensamiento o una idea.

Cuando Dios creo de la nada, continúo su explicación el maestro, tal creación fue pensada por Dios. O sea, primero Dios pensó crear esto y lo otro y luego de pensar dijo, hágase esto y hágase lo otro. Y así ordeno y así se hizo.

Entonces, dijo el estudiante, ¿podemos nosotros también crear?

No, no hay nada que nosotros pudiéramos crear. Ya Dios creo todo lo necesario para nuestro uso y disfrute. Para que tengas una idea de lo que te estoy diciendo, déjame explicártelo. En el plano material, o sea, en el ámbito donde las cosas son afectadas por el tiempo y el espacio, lo que podemos hacer es inventar cosas nuevas con lo que ya está inventado. También podemos producir algo no inventado usando de las cosas ya creadas por Dios, pero realmente no podemos crear nada nuevo porque ya todo lo ha creado Dios.

El diccionario de la real academia española define crear como: "dar existencia (a algo) sacándolo de la nada", Es menester reconocer, que solo Dios puede crear.

Por otro lado, en el plano material, decimos que no podemos inventar la rueda porque ya fue inventada. Tampoco podemos re-inventarla por la misma razón, ya está inventada.

La comunidad científica, dijo el profesor, está muy consciente de esto y por consiguiente ha tomado "cartas en el asunto". Es por eso que vemos la cantidad de equipo electromagnético y computadoras donde se hace uso de esta información tan valiosa.

Como sabemos, continuo explicando el profesor, ahora tú no necesitas una llave de metal para tener acceso a tu automóvil. Solo tienes que usar ese aditivo que viene también adjunto a la llave de metal de tu auto con el cual tú, desde una distancia considerable, apuntas a hacia la puerta de tu automóvil y envías una corriente de energía impregnada de la información necesaria y particular, que abrirá la cerradura de tu auto.

Nótese, dijo el profesor, que para abrir la puerta del auto de tu vecino, necesitas el mismo aditivo. Posiblemente la misma energía pero conteniendo una información distinta a la que se usa para abrir tu auto.

Sabemos además, que lo mismo ocurre con las máquinas de "fax". Con estas máquinas podemos enviar una carta debidamente firmada por ti al otro lado del globo terráqueo. La misma aparecerá en la otra máquina con todas sus palabras y debidamente firmada por ti.

Si te das cuenta, esta máquina no tiene ninguna conexión alámbrica con la otra máquina. Todo ocurre atreves de la energía e información contenida y esto mi querido amigo, termino diciendo el profesor, es una prueba de que todo lo que existe es energía e información en un campo ausente de materia alguna.

Vaya, dijo el joven estudiante de ojos negros y cabello obscuro, interesante por demás su disertación.

El estudiante se quedó pensativo por unos instantes. Luego pregunto al maestro si los sueños eran igual a un pensamiento. Y de ser igual, pidió saber si un sueño se podría convertir en una realidad en nuestra vida, tal como lo hacemos con un pensamiento o una idea.

¿Y tú que crees?, le pregunto el profesor a su estudiante. Pero antes de que le contestara le dijo:

Déjame contarte una anécdota muy interesante que leí en uno de mis libros y que viene al caso.

Imagínate, le dijo, que estas sonando que te encuentras en un jardín hermoso donde hay muchas flores de todo tipo y todas las fragancias. En tu sueño, te paseas por el jardín tocando delicadamente sus flores y oliendo sus perfumes.

De pronto te detienes frente a una flor que te llamo mucho la atención y mirando a todos lados, para no ser visto, te apresuras y la cortas, tomándola en tus manos.

Luego al despertar, te encuentras que esa misma flor que tomarte del jardín en tu sueño, la tienes en tus manos.

El joven se quedó pensativo y sin palabras. Permaneció quieto por unos instantes. El profesor, como era su costumbre, no le interrumpió con más explicaciones pero se quedo observando su comportamiento como quien no quiere la cosa y con picardía esperando su contestación.

El joven pensó que quizás una cosa así podría darse atreves de la fe. Si la fe mueve montañas, cura enfermedades y hace lo imposible, dijo para sí, ¿porque no?

Luego de un espacio de tiempo más o menos largo, que el profesor uso para pasarse el llavero de mano en mano, el joven le dijo a su maestro que meditaría seriamente en la posibilidad de lo ocurrido en el jardín y discutiría con él lo meditado.

Luego le pidió al profesor que por favor le hablara un poco sobre el concepto de la fe.

El profesor acepto discutir ese tema, pero antes le pidió a su estudiante que primero le informara que cosa específica deseaba saber sobre la fe, y cuál era el motivo de su pedido.

Vera usted, dijo el estudiante, la próxima semana tengo un examen de filosofía y el punto de la fe, en términos generales, vendrá cubierto ampliamente en el examen.

Quisiera saber profesor, inquirió el estudiante, si se podría probar la existencia de la fe usando bases racionales. O sea, quiero saber si la razón es el instrumento que debo usar para probar, no tan solo la existencia de la fe, sino la necesidad de tener fe.

Bueno, dijo el profesor, tu pregunta es muy importante y no se puede contestar con un simple sí o no. Para eso tengo que saber cuan versado estas tú en la materia. Cuál es tu opinión y en que sientas tus conclusiones. Solo así poder entrar a darle contestación a tu pregunta, que dicho sea de paso, no es una simple pregunta.

Bien profesor, contesto el estudiante, entiendo que usted será el primero en preguntarme y que la forma de usted cubrir este dialogo será en forma inquisitiva o sea, usted me pregunta y yo le contesto.

Me temo que así será, dijo el profesor. Por eso, para empezar a darle contestación debo preguntarte primero que es lo que tú crees al respecto.

Bien profesor, yo creo que razonando perfectamente llegaremos a probar la existencia de la fe. Ahora lo que no podemos probar racionalmente es si tal o cual persona tienen fe o no la tiene.

Bien, dijo el profesor. Veo que tú te estas complicando la vida simplemente con el raciocinio que acabas de hacer. Me has dicho que con la razón podemos demostrar la existencia de la fe mas no podemos, usando esa misma razón, demostrar si tal o cual persona tiene o no tiene fe.

Bueno profesor, yo siempre he pensado que para hacer un mejor análisis de algo, tenemos que usar la razón.

Bueno, dijo el profesor, estas un tanto correcto en lo que acabas de decir pero eso nada tiene que ver con el asunto de la fe.

No lo entiendo profesor dijo el estudiante, y añadió, desearía que usted me explicara el asunto este de la fe y luego de su explicación yo le demostrare si le entendí o no. Solo así me sentiré como un estudiante que soy que vengo a usted humildemente a aprender.

Ok, dijo el profesor, descartemos el método inquisitivo. Pero debo advertirte que este tema de la fe, se mueve en el plano espiritual. La fe es algo que no podemos probar mediante el intelecto. La realidad es que la razón nada tiene que ver con la fe.

Es por eso que decimos que para poder ver la fe tenemos que cerrar los ojos de la razón.

San Agustín, un filósofo cristiano, dijo que "la fe es el creer en lo que tú no puedes ver y que al así hacerlo, el premio que obtendrás es el poder ver aquello en que crees".

¿Dice usted profesor que si creemos en lo que ni tan siquiera podemos ver llegaremos a ver lo que creemos?

Correcto, dijo el profesor. Y eso es así porque la fe está más allá del poder de la razón para creer.

Entonces profesor, dijo el estudiante, fe es el creer en aquello que es increíble.

Correcto, dijo el profesor, has dado perfectamente en el clavo. Es por eso que decimos que el verdadero perdón es cuando se perdona lo imperdonable. Y en el caso de la fe, esta funciona aun cuando se ha perdido toda esperanza.

Interesante por demás, dijo el estudiante, su explicación parece un juego de palabras pero realmente es un juego de conceptos.

Correcto, dijo el profesor, así es. Es un juego de conceptos bien puestos en su lugar. No con la razón, sino con la fe misma. No podemos hablar de probar la fe mediante la razón. Ya hemos dicho, que la razón nada tiene que ver con esto y la fe no tiene que ser probada. Eso de la prueba es cosa de humanos. La fe es un regalo de Dios a nosotros y nada tiene que ver con lo correcto o lo incorrecto. Ni con lo racionalmente posible o no posible . . .

Martin Luther King, un norteamericano, líder de los derechos civiles, dijo que "cuando tenemos fe solo tenemos que dar el primer paso sin necesidad de tener que ver todos los escalones de la escalera".

La fe tampoco es algo que tiene que conocerse. La fe es en lo que tú crees y no en lo que tú conoces. La fe es un confiar sin tener reserva alguna. Por eso no debes inmiscuir la razón en esto de la fe.

Santo Thomas de Aquino dijo 1225-1274 que "cuando estas ante una persona que tiene mucha fe, no es necesario explicarle nada . . . Pero cuando estas frente uno que no tiene fe, no hay explicación posible."

Por eso se dice que cuando una persona que tiene fe decide tener más fe, es porque ya tiene suficiente, concluyo el profesor.

Ya le entiendo profesor, dijo el estudiante, y añadió, la fe es algo extraordinario. La fe nos da fortaleza, nos da energía positiva que podemos usar para sanar nuestro cuerpo y el de nuestros semejantes.

¿No es así profesor? Pregunto el estudiante.

Correcto, dijo el profesor. Y añadió, la fe debe entenderse correctamente y cuando la aplicamos de igual manera la misma resulta ser un instrumento poderoso en la solución de adversidades. También en la sanación del cuerpo y el mantenimiento de la salud.

Ahora profesor, dijo el estudiante, si la fe es un regalo de Dios a todos nosotros, ¿cómo es que algunos llegamos a perder ese regalo tan apreciado que Dios nos dio?

Muy buena pregunta, dijo el profesor. Y añadió, veras mi querido amigo, la fe nunca se pierde si no que meramente deja de ser considerada por nosotros y cede al paso a la duda. Por eso, cuando hablamos de la fe no podemos negar la existencia de la duda.

El poeta y místico, Khalil Gibran, nos dice que "la duda es la hermana gemela de la fe". Es por eso que la fe y la duda siempre van como cogiditas de la mano. Por otro lado, si van cogiditas de la mano, no lo hacen en forma antagónica. Si no que ambas trabajan de lado a lado hasta lograr la dirección que debemos tomar.

No lo entiendo, dijo el estudiante.

¿Cómo es posible que la fe, el regalo que dice usted nos fue dado por Dios a todos nosotros, vaya cogidita de la mano con la duda, si al parecer, son como polos opuestos?

Buena observación, dijo el profesor. Pero no estás en lo cierto. La realidad es que la duda y la fe, ambas van en la misma dirección.

La verdad es que no logro entenderlo profesor, dijo el estudiante. Y añadió, ¿podría darme algún ejemplo de forma que pueda yo entenderlo?

Imagínate, dijo el profesor, que tienes un problema al frente que quieres resolver y para llegar a él tienes a tu disposición dos formas de bregar con el problema. Uno es tratar de resolverlo con la duda y el otro es usando la fe. Ambos tratamientos te llevaran justo frente al problema . . .

Si llegas al problema usando el tratamiento de la duda, no podrás resolver la adversidad. En cambio, si llegas al problema con fe. La fe que mueve montañas, y que tú mismo acabas de decir, que es un instrumento poderoso en la sanación del cuerpo y en el mantenimiento de la salud, al llegar a este, lo resolverá.

La fe es algo que tienes que sentirlo dentro de tu yo espiritual. Es un sentimiento profundo que sacude todas las fibras de tu ser interior y te da seguridad y confianza.
Si tú albergas sentimientos de duda es porque tienes miedo y no has experimentado la presencia de Dios en carne propia, por así decirlo.

El miedo genera dudas y excluye la presencia de Dios. Y si no tienes a Dios dentro de ti, no podrás traer fe ante la presencia de la duda.

El joven estudiante permaneció por un rato pensando en los conceptos recién adquiridos.

Luego de un rato relativamente largo, el joven estudiante se decidió preguntar al profesor si él creía que el (el estudiante) tenía fe.

Bueno, dijo el profesor. Eso yo no puedo contestarlo. Yo solo puedo darte mi opinión basándome en la observación que he tenido de ti, haciendo un análisis "racional" de tu comportamiento observado. Pero aun así, no hay garantía alguna.

Veras, dijo el profesor, la fe es algo personal. Es un estado de intuición de la mente que toma diferentes formas. En la mayoría de los casos las personas de fe tienen más fe de lo que ellos mismos pueden imaginarse . . .

La madre Teresa de Calcuta una vez dijo "yo sé que Dios no me va a dar algo que yo no pueda resolver. Solo deseo que Dios no tenga tanta confianza en mí"

No hay duda que ni la misma santa Teresa de Calcuta sabía cuanta fe realmente ella misma tenia.

Solo tú, dijo el profesor sabrás si tiene fe o no.

De pronto el profesor miro su reloj y le dijo a su estudiante que ya era tiempo de partir.

También le dijo que la plática había empezado muy tarde, y su hija le esperaba para cenar con los niños y su esposo.

Fue entonces que el joven estudiante le presento al profesor lo que catalogo como la última pregunta del día, y el maestro acepto contestarla.

Profesor, dijo el estudiante, ¿cómo puede una persona tener fe?

Buena pregunta, dijo el profesor. Y añadió, la fe la obtenemos por nuestra propia experiencia y no por experiencia de otras personas. Una vez que tengas espiritualmente contacto con Dios y te des cuenta tú mismo de la forma consciente de la comunicación que estas teniendo con tu creador, no podrás jamás entretener duda alguna.

Veras que a cada momento tendrás más experiencias de acercamiento espiritual con Dios. Esto te dará más conocimiento de lo desconocido. Y tu fe se solidificara cada día más. Ante un problema, te sentirás tranquilo. No albergaras duda ni miedo y afrontaras cualquier adversidad, con fe.

Muy acertada su respuesta, dijo el estudiante. Realmente no puedo hacerle más preguntas por el día de hoy. No quiero abusar de su bondad. A demás, yo también tengo que marcharme. Me esperan mis compañeros de estudios, dijo el joven estudiante.

El profesor se puso de pie, abrazo cariñosamente a su estudiante. Le dijo adiós y se marchó con pasos lentos y contados . . .

Como el de un señor ya entrado en años.

Tercer Encuentro

Fuente de agua

El tercer encuentro entre nuestros personajes tuvo lugar en el mismo banco frente a la fuente de agua de la plaza de recreos del pueblo. El joven estudiante llego primero. Abrió su mochila donde contenía el material de estudio y se puso a repasar sus notas en espera de su maestro. A los quince minutos llego el profesor. Se saludaron afectuosamente y se pusieron a conversar.

El joven fue el primero en abordar el tema. Alego que en la charla anterior, referente a la posibilidad de tener una flor en las manos durante un sueño, y luego al despertar amanecer con ella en sus manos, fue algo impresionante.

Dijo tener sentimientos encontrados, y no saber si creer que algo así pudiera materializarse.

Quisiera, dijo el estudiante, discutir con usted si eso es posible o no. O si por el contrario optar por mantener el tema en suspenso, y más adelante dejar que mi intuición lo explore y me dé la contestación.

El profesor se sonrió y le dijo a su estudiante, que si ese era su deseo, estaba bien con el

Ya sé, dijo el profesor, que tú no tienes miedo a explorar lo desconocido y eso es bueno. El universo entero está para ser explorado. Hay lugares el mundo que aún no han sido específicamente visitados. Eso sucede más en el mundo espiritual, en el cosmos, en el mundo de lo desconocido.

Algunas personas son renuentes a incursionarse en lo desconocido. Esto se debe a que tienen miedo a lo que puedan encontrar. Otros se conforman con lo que ya saben y para saber más tienen que tener una razón para ello.

Yo recuerdo haber leído sobre un famoso alpinista que enloquecido por escalar el pico más alto de una montaña dijo que su única razón para escalar esa montaña era simplemente "porque la montaña está allí".

Nunca te limites en el conocimiento. El conocer nos hace crecer más, hace la vida más placentera y nos hace libres. Tampoco debe ser necesario tener una razón para explorar lo desconocido. Para conocer, no es necesario saber a dónde vas, si no que vas de camino.

Bueno, dijo el joven, interesante lo que me ha dicho. A demás, estoy de acuerdo con usted en cuanto a que me gusta hacer preguntas y saber el porqué de las cosas.
A veces, continúo el joven, siento que soy impertinente y preguntón. Y como usted dijo, no me conformo con saber la definición de una palabra. Cuando quiero algo, voy sobre lo que deseo y no descanso hasta lograrlo, concluyo el joven estudiante.

Comprendo, dijo el señor, hay algo de positivo en tu forma de ser y comportarte. Por otro lado, nunca tengas miedo en aprender. De hecho, hay tanto que aprender que nunca llegaremos a saberlo todo. Si nos limitamos en el conocimiento, continuo hablando el profesor, es porque tenemos miedo. Tener miedo es lo opuesto a sentir amor. Cuando sentimos miedo, nos apartamos de Dios. Y estaríamos evadiendo nuestra comunión con El.

El joven permaneció en silencio y el profesor volvió a darle tiempo para que asimilara el nuevo material, y no lo interrumpió con más explicaciones.

Además, para aparentar indiferencia, el profesor saco del bolsillo de su camisa su llavero y se entretuvo pasándoselo de mano en mano, como era así su pasatiempo.

El joven permaneció en silencio hasta que fue bruscamente interrumpido por el ruido del llavero al caer al suelo, cuando se desprendió de las manos de su dueño. El estudiante tomo el llavero del piso por la llave vieja y antigua, aquella de color oro desgastado, y se lo regreso al profesor que, acto seguido, lo coloco en su bolsillo.

Después, mirando fijamente al profesor, le pregunto ¿que tenía que ver el evadir el conocimiento con el miedo? Y como entra el amor y Dios en todo esto. Por otro lado, continuo argumentando el joven, Dios nos dio libre albedrio para actuar a nuestro antojo. Si queremos conocer, pues conocemos. Y si no lo hacemos, ¿qué tiene que ver eso con el miedo? Volvió a indagar el joven estudiante.

Te entiendo, dijo el profesor. Tus preguntas demuestran carecer de cierta información, que sé que tienes. Solo que, simplemente en apariencias pareces no tener, pero la tienes.

Déjame darte la información, que sé que tienes, y luego me preguntas otra vez.

¿De acuerdo? Pregunto el profesor. Y el joven asintió con la cabeza.

Recuerda que hace un momento te dije que si rehusamos obtener el conocimiento, es porque tenemos miedo y que tener miedo es lo opuesto al amor. Que Dios es amor y que cuando sentimos miedo nos apartamos de Dios. Al así hacerlo estaríamos evadiendo la comunicación con Dios. Es así como entra Dios en este asunto del amor y el miedo a buscar el conocimiento.

Y sobre lo que dices de que Dios nos dio el libre albedrio para hacer lo que se nos antoje, debo decirte que el libre albedrio es para usarse con responsabilidad y no "como se nos dé la gana." Esto es así porque hay una responsabilidad de hacer lo propio y actuar como Dios manda, concluyo el maestro.

Sabemos que Dios nos creó a su imagen y semejanza, cuando formo al hombre del polvo de la tierra. Al soplar en sus narices el aliento de vida, le implanto su esencia divina y el hombre vino a ser alma viviente.

¿Recuerdas? Pregunto el profesor, y el joven asintió con su cabeza.

Bueno, dijo el joven estudiante, también Dios hizo otras almas vivientes como los animales domésticos y las bestias, los peces y otros seres del mar y las plantas.

Buena observación, dijo el profesor. Solo que esos otros seres Dios no los hizo a su "imagen y semejanza" como lo hizo con el hombre. Al hombre, Dios lo creo en forma especial. Dios primero creo de la nada todo aquello que él pensó, o sea, materializo lo pensado con tan solo decir hágase esto y hágase lo otro.

Y así, continúo el profesor, creo los cielos y la tierra. Creo la luz y la vegetación y luego ordeno que se produjera almas vivientes según su género. Así lo ordeno y así se hizo.

Ordeno también de las aguas enjambrar almas vivientes y que volaran criaturas volátiles por encima de la tierra y sobre la faz de la expansión de los cielos, y así se hizo.

¿Estamos hasta aquí de acuerdo?, pregunto el profesor y el joven volvió a consentir moviendo su cabeza.

Bien, dijo el profesor, pero con el hombre hizo algo especial. Con el hombre, Dios se arrodillo. Posiblemente ensucio sus rodillas en el suelo y tomando del polvo y del fango de la tierra, se ensucio sus manos moldeando al hombre. Al hombre, El personalmente lo hizo. El no ordeno ni a la tierra, ni a las aguas, ni al cielo que lo hiciera, si no que El mismo con sus manos lo hizo.

No crees tú, distinguido estudiante, que siendo el ser humano una creación divina, hecho personalmente por Dios y nada menos que a su imagen y semejanza; ¿no sería correcto decir que al impartirnos con su soplo en la nariz su esencia divina, gozamos nosotros de su divinidad?

El joven volvió a tener dudas de la nueva explicación y luego pregunto al profesor, si el pensar así no constituía un sacrilegio.

No, contesto el profesor, al contrario, y es aquí donde radica tu problema. Y añadió, te ruego prestes atención a lo que te voy a decir.

Pero luego, cuando se disponía a continuar con su explicación miro su reloj. Entendió que ya era muy tarde y le dijo a su estudiante que tenía que regresar a su casa. Le dijo que su hija lo llamaba todos los días, a cierta hora, y era su deber estar en casa temprano, para no preocuparla.

Bueno, dijo el estudiante, yo pensé que usted me explicaría este tema ahora mismo ya que hoy es viernes y no volveré a verlo hasta el miércoles de la próxima semana y Cinco días es mucho esperar por la explicación de tan Importante tema, añadió el estudiante.

Bueno, dijo el profesor, si quieres puedes acompañarme a mi casa y durante el camino te iré explicando. Yo vivo en la calle esa que esta próxima al pasar la escuela superior a la izquierda. Vivo con mi hija Maritza, su esposo y sus tres hijos. Mi apartamento queda en el patio, detrás de la residencia de ella. Si quieres entrar, podemos continuar este tema mientras nos tomamos un té.

Buena idea, dijo el estudiante, acepto su invitación y acto seguido se pusieron de pie y emprendieron la marcha.

La travesía les tomo como quince minutos. El señor caminaba a paso lento pero seguro en sus movimientos. A pesar de su avanzada edad no se mostró fatigado y su hablar y conversación no quedo afectada por su caminar.

Pude notar que durante el camino, nada se tocó del tema. Al llegar a la casa entraron por el patio, directo a una casita de madera ubicada en la parte atrás de la residencia principal, donde habitaba su hija. Al estar frente a la puerta de la residencia, el joven noto que el profesor mostraba dificultad para abrir la puerta, y se ofreció ayudarlo.

Al así hacerlo, tomo el llavero en sus manos, por tercera vez. Pudo observar las tres llaves, una azul otra plateada y la tercera, la extraña llave vieja, antigua, color oro desgastado. Con la llave azul abrió la puerta y entraron.

Al abrir la puerta el estudiante se percató de que el profesor encendió la luz con el "switch" que estaba inmediatamente en la pared justo, a la entrada, al lado de la puerta.

Dentro del apartamento, el joven pudo apreciar que en la sala, había un buen escritorio color Brown con una amplia y bien acojinada silla en piel del mismo color. Una preciosa lámpara antigua estaba sobre el escritorio.

El joven estudiante noto que también había una biblioteca vacía, sin libros como recién comprada. También había libros por todas partes. Algunos sobre el escritorio, varios en el piso, y otros en cajas.

Sobre la pared, a la derecha, colgaban tres diplomas. Uno de ellos era de un doctorado, un PhD, pero por la poca luz en el ambiente se dificultaba leer su procedencia o de que universidad le fue otorgado.

El joven también pudo percatarse de que el piso de la sala constaba de madera de roble bien pulida. Pintado de barniz limpio y reluciente y que al lado izquierdo de la entrada había la única pieza adicional de mueble, un gran sofá impresionante, tapizado en cuero color crema.

La otra habitación era su cuarto dormitorio. La puerta estaba semiabierta y el joven opto por no extender su vista a su interior Después del dormitorio le seguía una pequeña cocinita con su estufa eléctrica, una nevera y de porcelana blanca un fregadero.

Excepto por los libros, que no estaban colocados en la biblioteca, puedo decir, pensó para si el estudiante, que el apartamento estaba nítido, meticulosamente limpio, bien reluciente y muy ordenado.

En la pequeña cocinita, había también una mesita con dos sillas. Allí el señor preparo un té de manzanilla que vertió en dos tazas y lo sirvió en la mesa.

Tan pronto se sentaron sonó el teléfono. El profesor en voz baja le informo al estudiante que era su hija y le llamaba para verificar si había llagado y se encontraba bien.

Al contestar el teléfono lo hizo en voz baja. Hablo brevemente y fue "directamente al grano".

Luego de hablar brevemente con su hija, engancho el teléfono y le comunico a su estudiante que ya él estaba tranquilo porque se había reportado con su hija y por ese lado estaba todo controlado.

Bien, dijo el profesor, continuemos.

Usted me estaba explicando, dijo el estudiante, que nosotros gozamos de divinidad. Porque Dios nos impartió divinidad cuando nos dio, con su soplo divino, su esencia divina. Y nos transformó en alma viviente a su imagen y semejanza.

Correcto, dijo el profesor, y añadió que pensar que tenemos divinidad, contrario a lo que tú crees, no es un sacrilegio.

Una vez estamos conscientes de nuestra divinidad, continuo explicando el estudiante, Tenemos que aceptar que es nuestra responsabilidad, la de actuar con divinidad. Simplemente porque somos divinos. Actuar con divinidad es actuar como Dios manda.
Y el libre albedrio que Dios nos dio, con el cual podemos actuar como deseemos, no es para actuar "como nos dé la gana".

Actuar con divinidad es aprender a ser instrumento de Dios. Ayudar al prójimo y hacer tantas otras cosas buenas como nos sea posible. Esto es así, porque es nuestra responsabilidad reconocer que tenemos divinidad y actuar cónsono con ese reconocimiento, concluyo el estudiante.

Muy bien resumido, dijo el profesor. Es por eso que tenemos que buscar el conocimiento donde sea. Tanto en lo ya conocido como en lo no conocido. El conocimiento nos hará libres y nos da oportunidad de reconocer el poder que Dios nos otorgó a todos.
Ya hemos dicho que el conocimiento tiene en sí, un poder organizador intrínseco capaz de cambiar nuestra manera de pensar y ver las cosas.

Por otro lado, la mente esta para servirnos y esta actuara de acuerdo al conocimiento que uno tenga.

Por eso, si tengo el conocimiento verdadero, la mente le servirá a una persona que tiene el conocimiento correcto. En cambio, si no tengo el conocimiento o soy un tonto/a, la mente le servirá a una persona ignorante y tonta, concluyo el maestro. Y añadió,

Wayne W. Dyer, en su libro, *There's A Spiritual Solution to Every Problem*, nos dice que "cuando estamos conscientes de nuestra divinidad, descubriremos que tenemos la habilidad de remover la ilusión de las enfermedades, la escases y todo lo malo que nos venga". Y añade que, "esta relación harmoniosa con el espíritu es nuestro estado natural de ser"

Tan pronto tú reconozcas ese poder que tienes de Dios dentro de ti, empezaras a usarlo para tu bien y el de tus semejantes. Al tu reconocer esa divinidad dentro de ti, solo desearas hacer el bien y rechazar el mal, y no será una excusa el ampararnos en no actuar bien, porque no tenemos el conocimiento. Eso sería como pasar nuestra responsabilidad a otros por miedo a ser responsables.

También, dijo el profesor, estaríamos negándonos a nosotros mismos ese poder que Dios nos otorgó, para lograr la felicidad plena, tener armonía, salud, y ser prósperos.

El estudiante permaneció atento escuchando a su maestro mientras tomaba su té de manzanilla, y no le interrumpió durante toda su disertación.

No fue hasta que su profesor término que el estudiante se aventuró a preguntarle, si no era plausible decir que una vez se adquiere el conocimiento, se debe sentir miedo porque se está obligado actuar correctamente, so pena de ser castigado.

Bueno, la responsabilidad de actuar y hacer el bien no debe asustar al que no tiene la intención de hacer el mal. Y para que me puedas entender mejor, déjame darte un ejemplo, dijo el profesor.

¿Has oído tú el precepto bíblico que nos dice: "honra padre y madre para que tus días se te alarguen?"

Claro profesor, dijo el estudiante.

Bueno, esa cita bíblica nos dice que si Dios te da la oportunidad de alargar tu vida, por tu haber honrado a tu padre y madre, es para que continúes actuando bien. Por lo tanto, dijo el profesor, yo no veo como un ser humano al cual se le ha extendido su vida, vaya a sentir miedo de seguir viviendo pensando que en ese periodo adicional de vida, el hará algo malo que lo haga perder el cielo. Sobre todo, si hasta ese momento, su actuación en esta vida le gano, "el que sus días se le alarguen"

Bueno profesor, dijo el estudiante. Permítame hacer un resumen de todo lo cubierto por usted sobre el tema, para ver si yo he asimilado correctamente.

Muy bien, el micrófono es todo tuyo, dijo el maestro.

Déjeme decirle profesor, que ahora entiendo el concepto ese del amor, el miedo, el conocimiento y la relación de todo esto con Dios. También entiendo que no tenemos que sentir miedo a lo desconocido. Sé que si vamos al conocimiento pensando en Dios, que es un ser infinitamente bueno y digno de ser amado, no hay porque tener miedo alguno.

También sé que a mayor conocimiento, mayor es nuestra responsabilidad y que en todo lo que deseemos realizar, el universo cooperara siempre con nosotros. Entiendo también que gozamos de divinidad. Y por ello, no debemos tener miedo en poner en práctica, y experimentar lo aprendido.

Y por último, profesor, sé que si Dios nos alarga nuestra estadía en este mundo, es para hacer lo productivo. Quizás analizar nuestro paso por la vida, corregir parte de nuestros errores, y ser más condescendiente con nuestros semejantes.

Eso es así, dijo el profesor, has resumido el tema correctamente. Y añadió, hemos pasado un rato muy alegre. Siento decirte que el tiempo ya se ha terminado. Es muy tarde y tendrás que marcharte.

Toma mi teléfono. Cuando llegues a tu casa llámame. Quiero saber que llegaste bien.

La calle está muy mala. Y el camino de regreso en el centro de la cuidad, por donde tienes que pasar, esta desierto y muy peligroso.

Y apuntando su teléfono en un papelito, se lo dio al estudiante que se lo coloco en el bolsillo izquierdo de su camisa. Luego se despidieron con un fuerte abrazo y un similar apretón de manos.

Al salir, el profesor le indico que cerrara el portón de entrada con el candado. Que por favor, se cuidara de no hacer ruido, no sea que despierte a Maritza o a los niños.

El joven estudiante bajo las escaleras en silencio. El patio estaba obscuro. Abrió el portón de entrada. Le puso el candado con cuidado de no hacer mucho ruido y se marchó a la derecha calle arriba.

Al llegar a la esquina, doblo a su derecha. Continúo su camino y paso frente a la escuela superior a la izquierda. Camino hacia la plaza de recreos y la encontró desolada y silenciosa. Cruzo la misma diagonalmente a la izquierda. Paso casi frente a la casa alcaldía. Y continuó su marcha hacia su residencia.

Llego a su casa y encontró que no tenía el papelito con el teléfono para llamar al profesor, para informarle que había llegado bien. Quizás lo perdió por el camino. Pensó regresar sobre sus pasos a buscar el papelito, pero opto por no hacerlo. Al profesor no le hubiese gustado . . . Y la calle, de verdad, estaba desolada, silenciosa y peligrosa.

Entonces decidió darse un baño caliente y así lo hizo. Más tarde se fue a la cama pensando en todo lo aprendido, y en ese profesor, que en su opinión, era un buen ser humano.

Me interesa conocer a su familia y saber más del profesor, dijo el estudiante para sí. Saber quién es su esposa o si ha pasado a mejor vida. Conocer sus otros hijos, además de Maritza y saber en qué universidad dio cátedra y algún día ser parte importante en su vida. Así como hoy, entiendo yo, que él es parte en la mía.

Luego sintió una tristeza e intranquilidad que le invadió su cuerpo en forma extraña. También experimento la sensación de frio y calor al mismo tiempo. Y no pudo precisar por qué motivo.

Quizás, dijo para sí, estoy por enfermarme. Luego se recostó en la cama para buscar la calma y pensando en el maestro, el estudiante se quedó dormido.

Cuarto Encuentro

Parque de Bomberos

El cuarto encuentro entre nuestros personajes tuvo lugar en el mismo banco de la plaza de recreos del pueblo natal del profesor. Esta vez el estudiante llego primero y estuvo esperando su maestro aproximadamente una hora, cuando finalmente alcanzo a verlo terminando de cruzar la calle frente al famoso parque de bomberos.

El profesor venia entretenido con su llavero, pasándolo de mano en mano. El joven estudiante al verlo, no pudo menos que sonreír. Reconoció que es verdad eso de que todos tenemos un niño dentro y el profesor, una persona ya entrada en años, parecía un niño entretenido jugando con su llavero en la forma ya descrita.

Al llegar el profesor al banco, el estudiante se puso de pie. Saludó efusivamente a su maestro con un fuerte abrazo, presidido de un similar apretón de manos. Al principio hablaron cosas triviales y de poca importancia. Luego se dispusieron abordar el tema que el estudiante había seleccionado para ese momento. La conversación fue desplazándose más o menos de la siguiente manera:

Los otros días profesor, dijo el estudiante, experimente que muchos de los conceptos aprendidos, chocan con la realidad que en este determinado momento estoy viviendo y al parecer estan en conflicto unos con otros.

Te entiendo, dijo el profesor, esto pasa cuando uno está acostumbrado a pensar de cierta manera en base a los conocimientos que se tienen. Cuando llega a nosotros conceptos nuevos, que aún no se han asimilado plenamente, estos pueden encontrar rechazo con nuestras ideas previamente adquiridas. Cuando esto sucede, se crea un aparente conflicto en nuestro intelecto. Pero una vez se analiza y se entienden, estos se incorporan inmediatamente en nuestro conocimiento y hacen que los conflictos intelectuales se solucionen.

Entonces todo queda claro, la mente empieza a servirnos mejor, recobramos la paz y la tranquilidad porque hay concordancia entre la mente y el intelecto.

Si eso es así, contesto el estudiante, deseo que me explique ciertos conceptos que al parecer no acierto a comprender en forma definitiva.

Vera usted profesor, prosiguió el estudiante, ya hemos dicho que todo lo que a nosotros nos parece materia, está compuesto de átomos. Estos, a su vez, se subdividen en partículas más pequeñas que llamamos sub-atómicas. Estas partículas sub atómicas no son materia. Son energía impregnada de información.

Correcto, dijo el profesor, ya eso lo cubrimos extensamente, y el estudiante continuo.

También hemos dicho que cuando yo lo miro a simple vista a usted, o a cualquier otro objeto en el universo, lo veré como materia.

Correcto dijo el maestro.

Pero si en vez de mirarlo con mis propios ojos lo observara atravesó de un potente microscopio, lo que veré son trazas de energía en movimiento.

Correcto, dijo el profesor, eso también lo hemos discutido. Y el estudiante continúo . . .

Y al yo no verlo, dijo el estudiante. Usted no existiría para mí como materia.

Correcto, dijo el profesor.

Por otro lado, añadió el profesor. Si esa señora que está sentada en el otro banco de la plaza me estuviera mirando a simple vista, en el mismo momento que tú me observas atreves del potente microscopio, yo existiría para ella como materia tal y como existo para ti ahora que me miras sin el potente microscopio.

Entonces es correcto concluir, dijo el estudiante, que si yo, usando ese potente microscopio caminara por la calle o fuera a un parque de deportes cundido de personas, yo no podía distinguir a nadie como persona.

Correcto, dijo el profesor. Y añadió, solo verías fluctuaciones de energía en movimiento ausente de materia alguna. Tampoco podrás ver los autos, ni los árboles, ni las plantas, ni la calle, ni nada de lo que nosotros catalogamos como materia.

Correcto, dijo el estudiante. Y mirando fijamente al profesor le pregunto ¿qué pasaría cuando nosotros no estamos mirando la materia?

El profesor le contesto que cuando no observamos la materia, simplemente no pasa nada.

Entonces profesor, dijo el estudiante. ¿Tenemos que concluir que la materia existe y deja de existir para nosotros dependiendo de si la miramos o no?

Estas en lo correcto, contesto el profesor, y añadió, eso ya se discutió extensamente.

Bien profesor, dijo el joven estudiante. ¿Podía decirme que papel juego yo en este mundo material que existe y deja de existir para mí, cada instante que miro y dejo de observar?

El papel que tu juegas en todo este laberinto, dijo el profesor, es que tú eres el sujeto que tienes la experiencia material. Por ejemplo, continúo el maestro, cuando tú miras a cualquier objeto material en el universo, incluyendo tú mismo cuerpo, tú no eres ni tu cuerpo ni el objeto material que estas mirando.

Si miras una escena, tus eres el que observas la escena pero no eres la escena. Tú eres el que tiene la experiencia, pero no eres la experiencia. La experiencia o la escena puede cambiar pero el que experimenta la escena, que eres tú, nunca cambiara. Y quedaras intacto y eterno y sin mutación alguna.

Entonces profesor yo entiendo que yo podría experimentar mi propio cuerpo, dijo el estudiante.

Correcto, contesto el profesor, tu puedes experimentar tu propio cuerpo y al así hacerlo, el mismo quedara petrificado en eventos de tiempo y espacio, y por eso es que lo puedes ver como materia.

Por consiguiente profesor, dijo el estudiante, yo no puedo experimentarme a mí mismo. O sea a mí ser interior

Eso es así, dijo el maestro. Tú no puedes experimentarte a ti mismo porque para eso tendrías que usar tus sentidos. Al así hacerlo, tendrías que salir de tu ser para ser el objeto de la experiencia y eso no se puede dar. Porque tú no eres la experiencia, si no el que tiene la experiencia, concluyo el profesor.

Claro, comprendo perfectamente, dijo el estudiante, además, sé que como "mi yo interior no es materia, no podemos verlo.

Correcto, dijo el profesor.

El estudiante permaneció en silencio por unos instantes. Luego le pregunto a su maestro que pasaría si el pudiera verse el mismo o sea, su espíritu. Esto es, su yo interior.

De poder darse este fenómeno que tú describes, contesto el profesor, tendría el espíritu que ser afectado por el tiempo y el espacio y eso no puede ocurrir en el plano espiritual. Esto solo se da en el plano material. Ya hemos cubierto que las cosas materiales de que hablamos existen en el mundo dimensional. En el mundo donde se está afectado por el tiempo y el espacio mientras que el espíritu, o sea, tu "yo interior" no es de ese mundo. El espíritu no tiene límites ni tiene dimensión alguna. El espíritu simplemente "es'.

Bien profesor, dijo el estudiante, esta platica fue interesante y profunda pero debo admitir que fue bien clara. Sin lugar a dudas usted me ha llevado conocer otros niveles de realidad que verdaderamente no conocía. Y por eso siempre le estaré bien agradecido . . .
Pero ahora, usando toda esta información como hipótesis desearía me contestara lo siguiente:

Quisiera saber, dijo el estudiante, ¿porque es que las cosas materiales, observadas a simple vista se ven diferentes las unas de las otras?

Por ejemplo profesor, continuo el estudiante. ¿Cómo es que nos vemos como hombres y mujeres distintos unos de los otros con razas, colores y sexos distintos? También las plantas y los metales como el hierro, la plata y el oro, que lo vemos completamente diferentes. Por ejemplo, Un lingote de acero no lo vemos igual que un lingote de oro o de plata.

El profesor se quedó mirando a su estudiante, mostrando estar contento por la pregunta que terminaba de hacer. Luego, dirigiéndose a su estudiante le pregunto por qué había tardado tanto en articular esa pregunta.

El estudiante, mostrando satisfacción se sonrió. Pensó que la pregunta venia al caso o por lo menos estaba dentro de lo relevante y apropiado preguntar.

Veras, mi querido estudiante, Dijo el profesor, ya habíamos cubierto que Deepack Chopra dijo que cuando hacemos la decisión de observar el mundo sub-atómico de fantasmas matemáticos, esos fantasmas quedaran petrificados en eventos de tiempo y espacio, o en partículas que se manifiestan como materia . . .

Y esa materia que se manifiesta, puede presentarse como una viga de hierro, una barra de plata, un tubo de cobre o un lingote de oro.

Estas cosas, son corrientes de energía e información ausente de materia alguna, pero al quedar aquietadas en eventos de tiempo y espacio, se manifiestan como materia completamente diferentes la una de la otra.

La realidad es que la única diferencia entre estos metales, al igual que con cualquier otro material, no la encontramos en la materia. Como ya hemos dicho, esa materia se divide en átomos y además se subdivide en partículas más pequeñas que llamamos sub átomos, que en el análisis final, resultan ser impulsos de energía en movimiento.

La diferencia la vamos a encontrar en la forma en que esos impulsos de energía e información están arreglados y cuantificados.

Y así decimos que la forma en que esta arreglada y la cantidad de energía e información que tenga ese material específico lo clasificaremos como un lingote de oro o una barra de plata, o un árbol, una silla, etc., etc . . .

Ya hemos cubierto el hecho de que todo lo que esta creado que llamamos materia no es otra cosa que energía e información petrificada o aquietada en eventos de tiempo y espacio. También hemos dicho que esto es igual a un pensamiento, que no es otra cosa que impulsos de energía e información.

Y todo esto profesor, pregunto el estudiante, ¿sale de la nada?

Correcto, dijo el profesor, todo esto sale de la nada. Y así decimos que todo lo que catalogamos como materia, al igual que un pensamiento, una intención o un deseo, todo esto son impulsos de energía e información que salen de la nada y se materializan al quedar congelados, por así decirlo, en eventos de tiempo y espacio.

El estudiante, como en otras ocasiones, permaneció en silencio por unos momento, como analizando el material presentado. Luego rompió el silencio alegando que los sentimientos que a diario nosotros formamos en nuestra mente y que son también corrientes de energía e información, son en sí creaciones nuestras

¡No hijo no! Nosotros no estamos creando nada. Dijo el profesor. Y añadió, lo que pasa es que ya todo lo que tenemos ha sido creado por Dios. Y así las cosas, Dios creo esa cosa que nosotros conocemos como materia y también creo otras cosas que posiblemente ni conocemos.

También ya Dios nos dio la habilidad de pensar, de experimentar emociones como el odio, el amor, el rencor. También la de tener pensamientos y deseos y otras experiencias que expresamos basadas en la actitud que nosotros tenemos hacia la vida. Nosotros lo que hacemos es ir a ese lugar de abundancia que Dios puso en el universo para nuestro uso y disfrute y de ese lugar, obtener lo que necesitemos.

Y así las cosas, si necesitamos salud, prosperidad, amor, un escritorio nuevo, una silla un auto nuevo, solo tenemos que ir a ese lugar donde Dios puso todo para nuestro uso y disfrute y de allí, obtenerlo.

¿Así de fácil profesor?, pregunto el estudiante con tono de picardía e incredulidad. Y el profesor le riposto que sí, que así de fácil.

Bien profesor, le confieso que en nuestro próximo encuentro tendré que formularle varias preguntas respecto a lo que acaba de decirme. Tengo que aceptar y no me canso de repetirle que usted me ha llevado a conocer otros niveles de realidad y le estoy muy agradecido por ello.

Pero ahora lamentablemente tengo que marchar. Me esperan mis compañeros de estudios.

Aun así, continuo el joven estudiante, antes de marchar permítame decirle lo que yo pienso de una persona, que como usted, está bien versada en estas cosas de lo no conocido.

Una persona con estos conocimientos que usted tiene debe ser recta, de conducta intachable, bien religiosa y que observa los mandamientos de su iglesia. También pienso que debe tener mucha fe en Dios y que sus actos y ejecutorias siempre son buenos e inteligentemente calculados antes de realizarlos.

Que se lleva bien con todo el mundo, que tiene buenos amigos, que es bien querido y todo el mundo le reciproca de igual forma. Por último pienso que debe ser un buen padre y buen esposo o compañero, si está casado y tiene hijos. ¿No es así como debe ser una persona que tenga esos conocimientos profesor? Indago el joven estudiante.

Sí, yo estoy de acuerdo contigo, contesto el profesor. Pero solo parcialmente de acuerdo.

¿Cómo que parcialmente de acuerdo? Pregunto el estudiante.

Bien, contesto el profesor. Yo creo que todos debemos ser así como tu dice. Ya hemos dicho que todos debemos actuar con divinidad. Pero para contestar tu pregunta en forma más específica debo decirte que esas características que tu enumeras, que debe tener una persona, que este bien versado en esta materia del conocimiento, es la misma características que debe tener todo ser humano, tenga o no tenga este conocimiento que tú dices.

Ya hemos tratado el hecho de que nadie debe justificar el no tener responsabilidad porque no sabe, ya que todos debemos buscar el conocimiento y no escudarnos en que no actuaremos bien "porque no sabemos" como actuar bien. Hemos dicho que la responsabilidad de actuar bien no podemos dejársela a los "súper dotados" a los "santos de la iglesia".

Todos tenemos la responsabilidad de buscar el conocimiento y aprender a actuar correctamente y con divinidad. Nadie esta excusado de no hacerlo. Simple y llanamente porque todos tenemos la responsabilidad de actuar bien y si no sabemos cómo hacerlo, ahí está el conocimiento para despertarlo, aprenderlo y actuar como Dios manda.

En la escuela o la universidad donde tu estas, a la hora del examen si no te preparas o si no sabes el material, no será excusa el no saber. Si no contestas bien el material del examen, fracasaras.

Entonces profesor, dijo el joven estudiante, usted es una persona que posee esos conocimientos y yo quisiera saber específicamente, si usted también posee esas características que yo he enumerado.

Bueno, dijo el maestro. Yo no sé realmente como yo he sido o como soy. Pero para contestar tu pregunta, cosa que no esperaba que nadie me hiciera, por ser algo muy personal, tengo que admitir que estas en lo relevante preguntar y también que tienes el derecho de hacerlo. Tu calidad de estudiante te da el derecho a preguntar todo lo relacionado a tu maestro. Esto porque es tu deber saber sus credenciales y de donde previene el conocimiento adquirido.

Sobre si yo fui o no fui un buen esposo, eso tendrías que preguntárselo a mi esposa. Como ya ella paso a mejor vida no podrás preguntarle . . .

Yo solo te puedo decir como es el matrimonio y como yo creo que me comporte durante el mismo. Te aseguro que trate de ser un buen esposo, o compañero como dices tú, y honestamente creo que fui un buen esposo o por lo menos trate de serlo.

Sobre cómo debe ser el matrimonio te diré que en el matrimonio existe una interrelación entre dos personas que tienen gustos, intereses y distintas personalidades. Estas dos personalidades en todos los casos chocan y en la mayoría de los casos no logran integrarse y se repelen.

Es menester que ambos trabajaren juntos para llegar a ser una sola entidad. Tal y como manda el santo sacramento de mi iglesia, "dejaras a tu madre y a tu padre y te unirás a tu esposa y serás uno". Se necesitan los dos, igualmente responsables, para poder llegar a ser uno solo. Y si esto no se da, el matrimonio puede fracasar.

En cambio, si se da esta unión, estaría en acorde con lo que debe ser lo apropiado y mejor . . . Pero no siempre es así. Y aunque por los hijos u otras consideraciones permanezcan los cónyuges unidos, de nada vale juzgar al que no pudo integrarse.

En relación a mis ejecutorias como padre, creo que fui un buen padre o por lo menos trate y sigo tratando desesperadamente de serlo. Pero para tu corroboración tendrás que preguntárselo a mi hija Maritza cuando la conozcas, o a cualquiera de mi otro hijo, individualmente.

Yo solo puedo decirte que para mí, todos mis hijos son unos perfectos seres humanos. Todos ellos fueron buenos hijos con su madre y también para conmigo. También sé que se llevan muy bien entre ellos. Son personas de bien y yo me siento sumamente orgulloso de ser su padre . . .

Pienso que si mi producto final, que son mis hijos, ha sido perfecto, es porque con algo bueno mi esposa y yo contribuimos para ello.

En lo referente al aspecto religioso, sé que no he cumplido a cabalidad con todos los mandamientos de mi iglesia, como tú asumes. Yo asisto a la iglesia con regularidad. Tengo mucha fe, creo en Dios, soy espiritualista y me jacto de tener "línea directa" con Dios, a quien con mucho respeto he llamado mi "company comander".

Me llevo bien con la mayor parte de las personas que en una forma u otra se relaciona conmigo. Mis conocidos me consideran un buen amigo, y me buscan y me procuran y expresan cierta alegría en compartir mi amistad, y eso me hace sentir bien.

Creo que actúo en forma calculadora y bien planeada para tratar de hacer las cosas lo mejor que pueda. Ordinariamente las cosas me salen tal y como las deseo, pero no siempre me han salido como lo he planeado. Cuando se me presenta algún problema trato de buscarle solución y si no lo encuentro rápido, usualmente acudo a mi "company comander" y en la mayoría de los casos, independientemente de la complejidad de los mismos, El siempre acude en mi ayuda en forma rápida y efectiva.

Ahora mi querido amigo permíteme decirte, dijo el profesor, que la persona que esta versada en esos conocimientos que tú enumeraste, no quiere decir que sea un Gandhi o Mahoma, o Buddha. Mucho menos un Santa Teresa de Jesús, o la madre Teresa de Calcuta. Lo importante es tratar de hacer las cosas lo mejor que puedas, aunque en el intento, muchas veces no puedas lograrlo. Y si te caes, debes inmediatamente levantarte y seguir luchando por lo que entiendas, debe ser lo correcto.

Buddha, por ejemplo, se le reconoce hoy como "un icono de la paz y la serenidad, pero su vida estuvo saturada de momentos tumultuosos llenos de relaciones amorosas, sexo, pérdidas y muertes".

Aun así, Buddha nos ha ayudado a poder estar más unido a nuestro ser espiritual, a poder conocer la verdadera naturaleza de la vida y a saber quiénes somos.

Quiérete mucho, aprende a perdonar, a reconocer tus errores pero sobre todo saber que si Dios te perdona, ¿quién eres tú para no perdonarte? Ya te dije que lo importante no es llegar, si no que vas de camino. Y es en el camino donde iras aprendiendo.

Debes saber que los grandes santos de la iglesia y los llamados "súper dotados," son expertos en cómo deben llevarse los esposos y como debe ser la relación paterno-filial.

Debemos seguir sus consejos y directrices y no tomar en cuenta el hecho de que ellos nunca llegaron a experimentar en "carne propia" la responsabilidad de tener y criar sus propios hijos ni de tener la oportunidad de relacionarse en vida matrimonial alguna y tratar de ser uno con la persona amada.

Pero son sabios, tienen buena información. Su labor es impartir su sabiduría a los semejantes. Y si por casualidad lo vemos cometer alguna falta, es nuestro deber ayudarlos a levantarse y no juzgarlos. "Solo aquel que se sienta libre de pecado, que tire la primera piedra" dijo nuestro señor Jesucristo.

Y así las cosas, los padres deben siempre tratar de mejorar su prole. Que sus hijos sean mejores seres humanos que lo que ellos mismos fueron. Que sean mejores padres y mejores madres. También buenos amigos y mejores compañeros o esposos. Si ensenas a tus hijos a ser mejores que tú, ellos harán otro tanto con tus nietos. Así tendremos una mejor calidad de vida.

Bueno profesor, interrumpió el estudiante. Yo solo le dije lo que yo creía de una persona con esos conocimientos que usted posee. Pero me place sobremanera su sinceridad y el haberme dado la oportunidad de conocer otros aspectos de su vida.

Lo que siempre he deseado profesor, dijo el estudiante, es conocer a su familia. Y espero que mi deseo algún día se materialice.

Y sin esperar contestación se puso de pie y extendió su mano al profesor para despedirse. Pero el profesor, al ponerse de pie, le esquivo la mano para darle un fuerte abrazo paternal a su estudiante que ahora, se incursionaba en conocer lo "desconocido" de la vida personal, familiar y social de su maestro.

El estudiante se marchó apresurado y el profesor permaneció en el banco por un largo rato. Quizás pensando si le había contestado bien a su estudiante, o si por lo menos fue prudente en la sinceridad de sus explicaciones.

Yo, por otro lado, me quede observando al maestro detenidamente. Esta vez note que no saco su peculiar llavero, aquel que contenía las tres llaves: una azul, otra blanca plateada y la tercera, la llave antigua, vieja color oro desgastado, para pasarlo de mano en mano, como ordinariamente hacia cuando en el banco se encontraba solo.

Note que por un largo tiempo el profesor se quedó un tanto pensativo. Con la mirada fija al infinito. Parecía como meditando o repasando todo lo que revelo a su estudiante . . .

O pasando revista de todo lo que hasta ahora ha sido su paso por la vida. O quizás sorprendido por la forma tan sutil que el joven estudiante logro que el profesor resumiera en un instante, casi todo su paso por la vida.

Seguí observando su comportamiento por espacio de un poco más de media hora. De pronto me pareció que su rostro triste y pensativo se le fue transformando. Note que de momento su cara fue invadida por una sonrisa que le cambió totalmente su semblante. Se veía más alegre y vivaracho. La tristeza que tenía al principio se le disipo completamente de su rostro. Ya no se veía triste ni pensativo.

Como a la media hora, se puso de pie y emprendió su caminar hacia su casa. Al cruzar la calle frente al parque de bombas, extrajo su llavero del bolsillo derecho de su pantalón y cadenciosamente, empezó a pasarlo de mano en mano. Como si fuera un niño jugando con aquel peculiar llavero.

Quinto Encuentro

La Iglesia

Han pasado dos meses desde la última conversación entre estos dos personajes. El joven estudiante se marchó a su pueblo para los días de verano y regreso luego de un tiempo a continuar sus estudios universitarios.

Cuando sus clases reanudaron, había visitado la plaza de recreos junto a sus compañeros de estudios. Por lo menos visito la plaza sin estar acompañado en cuatro ocasiones durante los días viernes y miércoles, días en los cuales el profesor acostumbraba visitar la plaza de recreos, pero no alcanzo a verlo.

Por el momento pensó que el profesor podía encontrarse enfermo o imposibilitado de visitar su plaza. Intento ir a su casa pero como había perdido su teléfono, opto por no hacerlo sin antes llamarle.

No fue hasta pasado nueve semanas de haber reanudado sus estudios universitarios, cuando finalmente el joven estudiante alcanzo ver al profesor sentado en el banco acostumbrado, aquel que daba frente a la majestuosa fuente de agua que adornaba el centro de la plaza de recreo.

La fuente estaba funcionando, pero como aún era de día, las luces no estaban encendidas. Sus cuatro figuras bronceadas de los leones se veían bañaditos por el agua fresca que les caía desde arriba.

Cuando el joven estudiante, que adelantaba su caminar hacia la dirección del maestro se encontraba a distancia reconocible por el profesor, inmediatamente se saludaron con las manos, seguido de una disipada sonrisa que alegremente se les dibujo en sus respectivos rostros.

Al llegar frente a frente el uno del otro se saludaron efusivamente. El saludo no fue esta vez con apretón de manos si no con un fuerte abrazo. Un abrazo prolongado y tierno, parecido al que se da entre padre e hijos que por un tiempo dejaron de verse y se extrañaron mucho.

El profesor, que aún no podía borrar de su rostro la alegría que sentía al encontrarse con su estudiante se adelantó y le pregunto al joven, como se encontraba.

Muy bien, riposto el joven, añadiendo que estuvo visitando a sus padres en su pueblo natal, y preparándose para continuar sus clases del colegio las cuales hacía más de dos meses que habían empezado.

El joven sediento de saber de su maestro la pregunto que había hecho con su vida durante ese tiempo pasado.

El profesor le contesto, que no gran cosa. Que solo se dedicó a organizar su biblioteca, leer varios de sus libros recientemente adquiridos, jugar con sus nietos en el patio de la casa, y que todo seguía igual.

Ambos protagonistas permanecieron parados hablando de sus cosas por un tiempo. Luego, cuando se dispusieron a sentarse en el acostumbrado banco, se oyeron las campanas de la catedral anunciando el sepelio de un difunto, que terminaba de recibir los servicios religiosos y se destinaba al cementerio para su cristiana sepultura.

La iglesia, dedicada a la Virgen de la Guadalupe y que la llamaban La Catedral, por ser allí donde el obispo da cátedra, estaba ubicada al otro lado de la fuente y dividía las dos plazas de recreo que tenía este pueblo. Detrás de la iglesia se encontraba un famoso parque de bombas pintado en rayas rojas y negras, representativas de los colores oficiales del pueblo.

Este parque de bombas, una vez hizo historia en el pueblo y hoy estaba destinado a un museo. Aquí acuden turistas de todo el mundo que lo visitan para conocer su historia y saciar la curiosidad de verlo.

Las campanas seguían sonando y el joven estudiante se arriesgó a especular que era un difunto que llevan al cementerio para su entierro. Añadió que para esta persona le "había llegado el final de su vida en este mundo".

La expresión del estudiante, de ojos y cabellos negros, le causo una leve sonrisa al profesor que fue captada inmediatamente por el joven estudiante. Al ver la sonrisa dibujada en el rostro del profesor, el estudiante pensó que su comentario no estuvo del todo correcto y le comunico a su maestro que desearía le hablara de este tema de la muerte del cual él no estaba tan versado.

El profesor le respondió que ese tema tan interesante lo dejaría para más tarde a menos que el, refiriéndose al joven estudiante, asumiera el privilegio de explicarlo el mismo.

¿Cómo? Pregunto el estudiante, ¿cómo podría yo abordar tan interesante tema de la muerte? Y añadió, yo no creo estar suficientemente preparado para disertar sobre esto, concluyo el joven.

Yo creo que si, dijo el profesor, tu eres un joven inteligente. Veo que captas todo con extraordinaria certeza. Sé que has metabolizado todo lo que he tratado de explicarte y ya has hecho tuyo el conocimiento adquirido. Te invito a que no tengas miedo y te aventures a disertar el tema. Con el tiempo, continuo el profesor, veras que al ir explicando el tema, te sentirás seguro. Te darás cuenta que estas más que suficientemente preparado para ello.

Por otro lado, añadió el profesor, solo yo estaré escuchándote y si necesitas alguna ayuda, sabes que puedes contar conmigo.

El estudiante acepto abordar el tema y sonrió complacido.

Para que empieces, dijo el profesor, ¿dime cuál es tu definición de la muerte?

El estudiante contesto que la muerte es la destrucción de la materia.

Bueno, dijo el profesor, ¿no has aprendido en la universidad que la materia no se puede destruir? Y si no se puede destruir ¿cómo podrías decir que puede terminarse? Pregunto el profesor.

Bueno, dijo el estudiante, eso es correcto, la materia no puede destruirse y si no puede destruirse la muerte entonces no es la destrucción de la materia.

Luego, continuo el estudiante, como el espíritu, que lo constituye el soplo de vida que Dios nos dio al formar al hombre del barro de la tierra, tampoco puede destruirse por ser este eterno e inmortal, tenemos que concluir que la muerte no es ni la destrucción del cuerpo material, ni la terminación del espíritu. Por consiguiente, lo que llamamos la muerte no es otra cosa que la separación del espíritu inmortal del cuerpo material indestructible . . .

Y así las cosas, dijo el estudiante, el espíritu deja la llamada materia indestructible en el estado natural que se encontraba, antes de ser abordado por el espíritu.

Correcto, dijo el profesor, y le pidió al estudiante que por favor continuara su interesante argumento.

El joven, manteniendo un aspecto alegre y sonriente, continúo diciendo que no habiendo destrucción de la materia la misma regresa al suelo, al polvo de donde fue tomada por el creador para moldear el cuerpo del hombre. Con relación al espíritu, que hasta antes de la muerte mora en el cuerpo material, como es inmortal siempre existió y siempre existirá, no será afectado por la muerte y por ende, la llamada muerte, propiamente hablando, no existe.

Correcto, dijo el profesor, y sintiéndose extremadamente orgulloso de su discípulo le ordeno que por favor continuara.

El joven, siempre manteniendo su rostro sonriente y alegre, orgullosamente acepto.

Siendo esto así, continuo el estudiante, no debemos temer la muerte ya que la misma no constituye ni la destrucción de la materia, que es el cuerpo, ni la destrucción del espíritu que constituye la parte más importante del componente que llamamos el ser humano.

¡Bravo!, dijo el profesor. Me place sobremanera tu explicación y me llena de satisfacción el saber que has asimilado lo que yo te he explicado. No has demostrado miedo sino amor a mis enseñanzas, que para ti ha constituido incursionarte en el ámbito de lo desconocido.

Ante las palabras del profesor, el estudiante se quedó en silencio. No podía entender como tan sencillo y claramente pudo presentar su explicación al profesor, que la evaluó como satisfactoria y le dio su voto de aprobación.

El joven se preguntaba donde él había estado todo ese tiempo sin haber despertado antes este conocimiento y cómo era posible haber tenido dentro de sí un conocimiento tan valioso sin darse cuenta del mismo por tantos años.

Acto seguido le pregunto al profesor que le explicara que uso satisfactorio podría el darle al material aprendido o como le serviría el conocimiento que ahora ha de integrar a su vida en forma de patrón vital.

El profesor le contesto que lo preguntado estaba más que correcto y una vez más, se dijo para sí, que este joven no se conformaba con saber la definición de una palabra sino que también quería saber su etimología y ante un argumento siempre quería saber el porqué de las cosas.

Veras, dijo el profesor, ya hemos dicho que el conocimiento tiene en sí mismo un poder de organización inmenso y te dije que cuando la mente conoce, el cuerpo no le queda otra alternativa que cambiar y comportarse a la par con el conocimiento adquirido.

Se adquiere el conocimiento, no solo escuchando al maestro o leyendo una lección de un libro, si no cuando esa información es debidamente interpretada en el "tálamo" o centro de interpretación en el cerebro. Una vez entendemos, en ese entender mismo está implícito el conocimiento. Por eso podemos oír y podemos leer todo lo que sea pero si no entendemos lo leído, nada conoceremos.

Si partimos del hecho de que lo escuchado u oído se comprendió daremos por sentado de que tal material fue aprendido, y es de eso de lo que estamos hablando cuando nos referimos al conocimiento mismo.

Veras, continuo el profesor, el conocimiento adquirido no vale de nada si no lo pones en práctica, y actúas cónsono con ese conocimiento. Si dices creer en Dios, y no pones en práctica ese creer, de nada vale tú creencia en Dios. Tampoco vale de nada el saber que Dios te dio parte de su espiritualidad con el soplo de divinidad. O que te convirtió en ser humano, si no actúas en base de tal conocimiento . . .

De nada vale saber que Dios no mando a la tierra ni a los mares a que te hiciera si no que el mismo, posiblemente poniendo sus rodillas en el piso y ensuciándose sus manos de fango, te moldeo dándote con su soplo su divinidad, si no pones en práctica ese conocimiento.

Y por último, el profesor le dijo a su estudiante que si nada vas a hacer con ese conocimiento, se estaría negando así mismo la potencialidad que Dios le dio y estaría actuando irresponsablemente y añadió. Además, que era una obligación de su parte buscar la verdad en el conocimiento y prepararse para servir a sus semejantes con la potencialidad y divinidad que Dios le dio.

Y apuntándole con el dedo índice a su estudiante, el profesor le recalcó que tampoco tendría excusas para librarse de su responsabilidad alegando que no tiene el conocimiento para hacerlo. Con eso, lo que estaría haciendo es pasar esa responsabilidad a los "dotados", a los llamados santos de la iglesia, a Santa Teresa de Jesús, a la madre Teresa de Calcuta, a Buddha, a Mahatma Gandhi, o a otros, dijo el profesor.

Por eso, cuando vamos a la escuela técnica, a la secundaria, a la vocacional o a la universidad y aprendemos algo, es para inmediatamente ponerlo en práctica y rápidamente buscamos trabajo en la materia aprendida. Pero cuando la materia aprendida es relacionada con el cosmos, con lo espiritual, con lo desconocido del mundo astral, nos da miedo. Pensamos que tal conocimiento es muy bonito para ser cierto y nos "curamos en salud" pasando esa responsabilidad a otros.

Y luego cuando estamos ya viejos, sin haber hecho nada, nos sentamos calladitos en el sillón de descanso observando las ejecutorias de aquellos, "los dotados, los seleccionados" haciendo el trabajo que nos tocaba nosotros hacer y no lo hicimos.

Más tarde, como premio a "los escogidos" por hacer parte de nuestra responsabilidad, los canonizamos y los convertimos en santos de la iglesia y así nos "curamos en salud" buscando ser salvados por saber reconocer lo bueno en otros, por la acumulación de indulgencias y no por nuestros propios actos.

Por otro lado, si en realidad no quieres hacer nada o tener nada, ahí estará el universo para cooperar contigo, para que nada puedas hacer. Y nada tengas. Tú escoges, la decisión es tuya.

El joven estudiante permaneció por un tiempo un tanto quieto y tácito. Como analizando algo que no sabía si preguntar al profesor, seria inadecuado o si ya le había hecho esa pregunta al profesor.

Luego se aventuró a preguntarle diciéndole que si era o no correcto pensar que obtener conocimiento constituía el echarse responsabilidades encima que antes uno no se tenía.

Al contrario, dijo el profesor, la responsabilidad siempre existe. Por eso te dije que es tu responsabilidad buscar la verdad y adelantar en el conocimiento. Ya te dije que es tu deber ayudar al prójimo a que se amen los unos a los otros y cada día se tenga mejor calidad de vida. Por eso, continuo el profesor, si el universo te dio poder es tu obligación conocerlo y actuar cónsono con ese poder para el mejor estar de tu persona y el de tus semejantes.

No hay duda, dijo el estudiante, que usted sabe infiltrar en el estudiante su punto de vista con mucha claridad y entusiasmo.

Bueno, dijo el profesor, pero debes saber que yo solo puedo indicarte el camino pero eres tu quien tienes que recorrerlo y aprender por ti mismo. Es por eso que el científico solo puede hablarte de su conocimiento científico, de la química, de los átomos, de las moléculas, pero él no puede darte ese conocimiento.

El gran maestro, Khalil Gibran, en su libro *El Profeta*, nos dice que "el sabio no te pedirá que entres en la casa de su sabiduría, sino que te guiara hasta el umbral de sus propios pensamientos y el músico puede cantarles el ritmo que existe en todo ámbito, pero no puede darles a ustedes el oído que retiene el ritmo ni la voz que crea las cadencias de las canciones" Por eso, dijo el profesor, cada uno de nosotros esta solo en el conocimiento que sea y ante ese conocimiento también estamos solos en la comprensión del mismo.

Por otro lado, Khalil Gibran también nos dijo que "nadie puede revelarnos más de lo que ya está latente en el alba de nuestro conocimiento". Es por eso que yo, dijo el profesor, solo puedo llevarte hasta el umbral de mis propios pensamientos. Es tu deber despertarlos, reconocerlos, aprenderlos y materializarlos en tu vida.

Bueno, dijo el estudiante, le entiendo perfectamente todo lo que me ha comunicado. Ahora tengo que metabolizar bien este nuevo material y más tarde le formulare nuevas preguntas de presentárseme algo que no logre comprender.

Ahora profesor, dijo el joven estudiante, estoy experimentando un leve dolor en la parte derecha de la cabeza y debo marcharme. Pero no quiero despedirme sin antes pedirle a usted que me explique cómo puedo yo poner en práctica lo aprendido y qué valor tiene para mí el tener este conocimiento.

El profesor le respondió que a pesar de creer comprender su pregunta desearía que elaborara un poco más la misma a los efectos de poder entenderle mejor.

Te pregunto esto, continúo el profesor, porque considero tu preocupación muy importante y quiero que formules tu pregunta sin rodeos. Que vallas directamente al grano y sin miedo a lo que puedas encontrar en mi contestación, termino diciendo el profesor.

El estudiante se sintió confundido y un tanto molesto por el dolorcito de cabeza que sentía. También por la insistencia del profesor a que moldeara más su pregunta. Acto seguido le pregunto al profesor, que valor práctico tendría para el saber que ni su cuerpo ni su espíritu morirán ante lo que llamamos la muerte. Que tenemos divinidad, que podemos contar con el universo entero, que si tocamos se nos abrirá las puertas y que podemos decirle a la montaña que se mueva y se moverá para nosotros.

El profesor le dijo que con ese conocimiento conocerás más a fondo su existencia, sabrás quien eres y cuál es tu propósito en la vida. El universo, continuo el profesor, cooperara contigo en todo lo que desees, te sentirás libre, con poder y con autoridad de acción que te da la potencialidad espiritual adquirida o más bien despertada en tu ser. Siempre estarás consiente de tu responsabilidad de actuar con divinidad. No creerás nunca que eres Dios, pero te cuidaras de que tus actos sean siempre a su imagen y semejanza. Por eso, desearas hacer el bien y no el mal, y el universo entero responderá a tu antojo . . .

El libre albedrio que Dios te dio te ayudara a monitorear tus actuaciones. Tendrás claridad de pensamiento y tu mente estará siempre consciente de lo que debes hacer o no hacer. Debes siempre recordar, dijo el profesor, de que a mayor poder y autoridad mayor será tú responsabilidad para con el universo entero y para contigo mismo. Establecerás postulados en tu vida, esto es, desearas y tendrás lo deseado con facilidad asombrosa para otros. Y tú, ante un milagro, no te sentirás tan asombrado, lo veras como una cosa normal y consecuente.

Por eso, dijo el profesor, no debemos negarnos el conocimiento, para no pasar por este mundo sin dejar huellas profundas e imborrables y si Dios nos dio a todos sin distinción la capacidad de ser o no ser, renunciemos al no ser y seamos, concluyo el maestro.

Me duele la cabeza, volvió a quejarse el joven estudiante, hoy ha sido un día muy cargado en cuanto a asimilación se refiere. Han sido muchas las emociones adquiridas juntas. Aun así, quiero decirle profesor, dijo el estudiante, que comprendí sus explicaciones a cabalidad y con claridad absoluta. Mis preguntas han sido correctamente contestadas y hasta usted me ha dado la oportunidad de poder explicar y contestar algunas de mis propias interrogantes.

Quiero que sepa profesor, dijo el estudiante, que hoy he sido "bombardeado" con mucho material asimilativo. Las emociones han sido muchas y muy bonitas. Debo decirle profesor, que la contestación a mi última pregunta fue muy voluminosa, cubrió mucho material y todo dio en el clavo", como también suelen decir en mi pueblo. Pero ahora debo marcharme. Mañana tengo un itinerario de clases muy cargado y debo descansar temprano.

Desearía verlo el próximo miércoles, dijo el estudiante, ese día no tengo clases y de seguro le tendré más interrogantes que desearía me contestara. Agradezco, dijo el joven, su interés demostrado en mi persona y su forma clara de explicarme estos temas desconocidos para mí, ha sido extraordinaria.

Bueno, dijo el profesor, agradezco tu gentileza y consideración y añadió, tú has demostrado ser un buen pensador. Cuando observas algo lo haces con extraordinaria percepción. Lo notas todo y a todo le das su debida importancia, te gusta aprender y obtener conocimiento.

Pero debo decirte que a veces te presentas como "un pensador de primera clase" y eso me resulta un tanto preocupante. Los pensadores de "primera clase" tienden absorberse en lo pensado y aparentan ser personas solitarias. Noto, continúo el profesor, que nunca vienes a estas charlas con algún amigo. Desearía que mejor trataras de ser un pensador de "segunda clase".

Claire Gordon, en su libro, *Do You Know The Real You?* Nos dice que "los pensadores de segunda clase, contrario a los de primera, les place la compañía de otras personas sin dejar de ser buenos pensadores".

El joven estudiante rápidamente salió en su defensa diciendo que si eso es así, él se consideraba un pensador de segunda ya que él, más amigos no podía tener y si el venia solo, dijo, era porque no había pedido al profesor traer otro estudiante.

Ambos se pusieron de pie y una vez más. Se despidieron con un apretón de manos. Luego se confundieron en un fuerte abrazo demostrativo del amor paternal y el aprecio que en tan corto tiempo se había desarrollado entre ellos.

Luego del efusivo abrazo y sin más preámbulos, el joven se marchó no sin antes confesarle al profesor, que su dolor de cabeza, maravillosamente se le había disipado. El maestro, en forma un poco extraña, le señalo que "ya él lo sabía".

Tan pronto el joven se marchó, el profesor saco de su bolsillo el llavero que consistía de una pequeña cadenita blanca de esterlina con su broche de oro de 18 k. Ese peculiar llavero que contenía las tres llaves: una azul otra blanca plateada y la llave antigua vieja color oro desgastado, y se puso a pasárselo de mano en mano.

Mientras el joven se alejaba del maestro, sintió a corta distancia el ruido de las llaves y se viro para observar al viejo entretenido con su peculiar llavero. El joven se sonrió, meneo la cabeza, que ya no le dolía, y continuó su marcha.

Durante el camino a su casa, el joven estudiante se preguntaba como poder el llagar a ser algo más en la vida de aquel señor que a pesar de su avanzada edad, ya resultaba ser un personaje muy importante y necesario en su vida.

Como no quería perder su amistad, pensó que sus deseos se adelantarían si pudiera algún día llegar a conocer a su hija Maritza, al esposo de ella y a sus tres hijos, nietos de tan extraordinario ser humano.

Sexto Encuentro

Parque De Bomberos

Eran como las cuatro de la tarde cuando se produjo el sexto encuentro entre nuestros dos personajes. El estudiante llego primero y se puso a esperar al profesor. Veinte minutos más tarde, alcanzo a ver a su maestro cruzando la calle frente al famoso parque de bomberos. Pudo observar que su caminar era pausado y lento pero firme y recto.

Vestía un pantalón azul marino, una camisa clara de mangas cortas y unos zapatos negros opacos y no bien lustrados. Su cabello, bien peinado. Y en sus manos sostenía su tradicional y espectacular llavero. Aquel que contenía la llave vieja, antigua color oro desgastado.

Al aproximarse al banco, frente a la fuente de agua, el estudiante lo esperaba de pie. Allí se dieron el tradicional abrazo y el fuerte apretón de manos. Luego se sentaron y empezaron hablar.

Los otros días profesor, dijo el estudiante, me puse a pensar porque a veces tenemos las cosas que realmente no deseamos y hasta en la mayoría de los casos, despreciamos.

Le pregunto esto profesor, dijo el estudiante, porque es bien sabido que cuando deseamos algo y dirigimos la intención de tenerlo, el mismo se materializa en nuestra vida, pero resulta contradictorio cuando nos llega a nosotros precisamente aquello, que no deseamos tener.

Buena pregunta, dijo el profesor. Lo que pasa es que a veces sin darnos cuenta le damos energía a las cosas que no queremos. Y como tú dijiste, le damos también energía a la cosa que hasta resulta indeseable con nuestra forma de ser y ver la vida. Esto se debe a que no tenemos el conocimiento y a veces, aun teniendo el conocimiento, sin darnos cuenta no lo usamos apropiadamente.

Habíamos cubierto en pláticas anteriores que los sentimientos, al igual que los pensamientos y los deseos, son energía en movimiento y que esa energía está impregnada de información. Hemos dicho también que cuando tenemos el conocimiento, en ese "tener" está implícita la responsabilidad de actuar correctamente y también hemos dicho que a mayor y mejor conocimiento, más "caviar" deberá ser nuestra responsabilidad.

Correcto profesor, eso ya lo sabemos, dijo el estudiante

Y es por eso, porque ya lo sabemos, que tenemos la frase célebre de: "ten cuidado con lo que pidas porque se te puede dar" dijo el profesor.

Es cierto profesor, dijo el estudiante. A veces las madres al disciplinar los hijos le dicen "permita Dios que te mueras" sin realmente desear eso para sus hijos.

Eso es así, dijo el profesor. A veces pedimos cosas que no queremos, que no deseáramos y que a sabiendas nos causaran daño, pero aun así las pedimos. Aquí es donde viene eso de que debemos tener responsabilidad al pedir.

Bueno, dijo el estudiante. A veces no pedimos nada pero nos llega a nuestra vida cosas malas por ejemplo, una enfermedad, un dolor o una tristeza repentina. Otras veces no encontramos en el supermercado lo que estamos buscando o no se nos acaba de quitar ese dolor que tanto nos molesta y nos tortura, añadió el estudiante.

Correcto dijo el profesor, y añadió, a veces nos comportamos de una forma que no cuadra con nuestra personalidad o con lo que somos y terminamos dándole energía a lo que no deseamos. Y de ahí el principio de: "As you think you shall be' o sea, que "así como pensamos así seremos"

Wayne W. Dyer en su libro, *There is a Spiritual Solution to Every Problem*, nos dice que "Once you understand fully that what you think about is what expands, you start to get very careful about what you think about."

Dyer nos quiere decir que una vez nosotros comprendamos bien que lo que pensamos es lo que se expande y se da, empezaremos a tener mucho cuidado con lo que vamos a pensar.

Wayne Dyer también dijo "How you look upon the world and the images you have within you, determined what you will get in your life." Queriéndonos decir que así como nosotros miramos al mundo y nos creamos imagines eso determinara lo que obtendremos en la vida.

Correcto profesor, dijo el estudiante. Yo recuerdo que mi hermana tan pronto entra en un supermercado a buscar algo en específico, lo primero que dice es que "aquí no hay lo que busco" y por ende, independientemente de si hay el producto o no, nunca lo encuentra. Y añadió, mi hermana es un poco negativa profesor y siempre piensa que no se le darán las cosas que desea. Por ejemplo: que no aprobara un examen o que no pasara una entrevista de empleos. Y sobre todo como le dije, que no encontrara lo que fue a buscar al súpermercado.

Debes entender mi querido amigo, dijo el maestro, que cuando deseamos algo, o pedimos un deseo el universo esta siempre presto a cooperar con nosotros. Al así hacerlo, creara una corriente de energía en ese pensamiento o idea que, en el análisis final, materializara ese deseo en nuestra vida . . .

Si lo deseado es una cosa negativa, el universo también cooperara para que esa cosa negativa llegue a nosotros. También hemos discutido en nuestras charlas anteriores que la mente esta para servirnos. Si somos inteligentes la mente le servirá a un inteligente. Pero si la persona es un ignorante, o un tonto, la mente le servirá a uno que no tiene el conocimiento o es un ignorante o un tonto.

Sobre la mente también cubrimos el hecho de que nosotros no somos la mente y por eso tenemos que siempre someter la mente al intelecto y aprender a controlarla. Ella está para servirnos y no para controlarnos.

Cuando tenemos el conocimiento podemos inclinarnos a solo pesar y querer aquello que va en beneficio de nuestros mejores intereses. Y descartar de la mente los malos pensamientos. Cuando solo buscamos nuestro bien, no le daremos energía a los malos sentimientos, ni a los deseos que no se ajusten a lo bueno que queremos para nosotros.

Entonces profesor, interrumpió el estudiante. ¿El asunto es no darle energía a lo que no queremos o que de antemano sabemos que no favorecerá nuestros mejores intereses?

Correcto, dijo el maestro.

Es por eso que siempre que al entrar a un supermercado, si de antemano decimos que no encontraremos el producto deseado, le estaremos dando energía a la condición de no encontrarlo. Cuando decimos que ya pescaremos el catarro del compañero o compañera, en ese "decir" le estaremos dando energía a pescar tal y cual enfermedad. Si decimos que no aprobaremos el examen o que no pasaremos esa entrevista de trabajo en particular. Le estaremos dando energía a lo negativo.

Ya veo profesor, dijo el estudiante. Y aquí es donde extra el principio de que "así como pensamos así seremos".

Correcto, dijo el profesor.

El joven estudiante permaneció en silencio por unos instantes y el profesor, como ya lo conocía, no invadió con más explicaciones para así darle oportunidad para que su estudiante analizara y formulara otras preguntas, si ese era su deseo.

A los pocos minutos, tal y como pensó el profesor, el estudiante empezó a formular otras preguntas.

Vera usted profesor, dijo el joven, yo creo que cualquiera de nosotros, si nos disponemos, podemos convertirnos en curanderos. Esto es, en curar a las personas milagrosamente. ¿No es así profesor?

No, dijo el profesor. Yo no creo que nosotros podemos curar a nadie. Lo que sí creo es que nosotros podemos convertirnos en el instrumento mediante el cual Dios sane a las personas. Eso no quiere decir que Dios necesite de nosotros para sanar a quien el desee sanar. Pero nosotros podemos hacer que el enfermo reconozca la fuente de donde él puede lograr su curación.

En esa forma nos convertiremos en instrumentos de Dios y la persona quede libre de su enfermedad, dijo el maestro. Lo importante es sentir el poder de Dios y el hecho de que tú puedes ser el instrumento para que Dios sane a la persona que tú desea que se libre de su enfermedad.

Y cuando nos convertimos en instrumento de sanación y la persona se sana profesor, dijo el estudiante. ¿Será eso un milagro?

¡No!, eso no será un milagro, contesto el maestro.

¿Cómo que no es un milagro? Pregunto el estudiante un tanto sobresaltado. Y añadió, muchas personas creerían que es un milagro.

Tienes razón, dijo el profesor, muchas personas creerían que es un milagro, pero ni tú ni yo debemos creer que es un milagro. Un milagro es hacer algo imposible y para Dios todo es posible, dijo el maestro. Creo, añadió el maestro, que eso se discutió anteriormente. Y añadió, esta vez sí me pides que te de explicación adicional no lo hare. Serás tú quien te lo expliques porque tú ya debes saber la respuesta a tu posible pregunta.

El estudiante permaneció otra vez el silencio toda vez que ya estaba presto a formular una pregunta relacionada a los milagros, cosa que el profesor pareció descubrirle antes de que el hiciera la pregunta. Y así fue.

A los dos minutos el estudiante le dijo al profesor que estaba preparado para explicar lo que él había dicho de que "para otras personas eso sería un milagro pero para ellos (para el estudiante y para el profesor) eso no era un milagro".

Permítame decirle profesor, que siento mucho haber pensado hacerle la pregunta que usted pensó yo le formularia, dijo el estudiante sonriendo. Y añadió . . .

Recuerdo profesor que en plática anterior usted me dijo que si conocemos la verdad la verdad nos hará ver las cosas con normalidad. O sea, que nuestro conocimiento es tal que lo que para otros constituye un milagro, para el que tiene el conocimiento es una cosa normal y corriente. Recuerdo que usted también me dijo que las cosas que hace Dios no constituye milagro porque El simplemente hace las cosas. En cambio para el que no sabe, o no entiende, o no cree en nada, esas cosas son milagrosas . . .

Recuerdo que en aquella ocasión usted puso el ejemplo de que antes uno le preguntaba a un científico si creía en Dios y él contestaba que no, que él no creía en Dios porque el "era un científico". En cambio, hoy el científico está más versado, conoce más y cree en las cosas de Dios. Y cuando le hacemos esa misma pregunta nos contesta, "claro que sí que creo en Dios, yo soy científico"

Por lo arriba expuesto, profesor, dijo el estudiante. Debemos entender que cuando pedimos a Dios por la salud de alguien y el inmediatamente nos concede el pedido y se materializa la curación en la persona, eso es una cosa normal, común y corriente y no es una cosa milagrosa para Dios.

Correcto dijo el profesor, y añadió, yo sabía que tú mismo te contestarías tu pregunta y así lo has hecho.

Wayne w. Dyer en su obra: *There's A Spiritual Solution To Every Problem* nos dice; "Believe in this one power. This is not a miracle but simply the way of things".

Y también, santo Thomas Aquino nos dice que los signos de milagros son para los que no creen, no para los que creen.

Entonces profesor, dijo el joven estudiante, si nosotros podemos servir como instrumento de Dios para que los enfermos sanen, también podemos nosotros mismos lograr que la enfermedad y el dolor salgan de nuestra propia entidad física. ¿No es así profesor? y si es así profesor, ¿cómo lo hacemos?

Bueno, ya hemos dicho que el ser humano se compone de un cuerpo material y uno espiritual, que nos fue dado por Dios cuando nos sopló en nuestra cavidad nasal y nos dio su esencia y su divinidad.

Correcto profesor, ya eso se cubrió con lujo de detalles.

También hemos dicho que el espíritu es inmortal, está completamente desarrollado, siempre existió y siempre existirá. Tampoco el espíritu siente dolor ya que el espíritu, en el ser humano, es una extensión de Dios.

¿Estamos? Pregunto el profesor y el joven estudiante contesto que sí, que estamos.

Habíamos cubierto también que es el cuerpo el que siente dolor y el que se enferma y sufre. Y es al cuerpo al que tenemos que sanar y cuidar, y no al espíritu. Y para sanar al cuerpo y protegerlo para que no se enferme tenemos que conocer la verdad. Actuar con divinidad, siempre pensar bien y cuidarnos de no hacernos daño.

Es pues necesario pensar siempre positivo. Reforzar la idea de que siempre podemos prevenir las enfermedades y eliminar todo dolor y martirio que venga a sacar fuera de balance a nuestra entidad física. Nunca aceptemos estar enfermo. Nunca le demos energía a pensamientos de enfermedad o de dolor.

Tenemos que entender que estar enfermo o sentir dolor no es lo que Dios quiere para nosotros. Y que la enfermedad, propiamente hablando, no es espiritualmente real.

Aprendamos a visualizar y enviar a la mente pensamientos de salud y sanación, de forma que se produzca la sustancia química que se enviara a través del sistema nervioso a la parte del cuerpo que se desea sanar, y así se hará.

No pelees con el dolor o con la enfermedad. Ignórala. No sientas miedo ni prejuicios ni molestia, ni deseos de revancha. Tampoco te sientas incompetente ni te cojas pena. Y si de verdad crees en Dios, demuéstralo.

No le des energía a lo que no es espiritualmente real. Recuerda que tú eres la creación más divina de Dios. Que Dios te dio poder, que tienes la capacidad de actuar con divinidad. Que puedes hacerlo y hazlo.

No sientas dudas. Recuerda que Dios es amor y el amor disolverá las dudas.

Busca siempre el conocimiento de lo no conocido. Aprende a meditar y medita. Y si dices creer en Dios, demuéstralo. Camina hacia la iluminación plena. Recuerda que lo importante no es llegar si no que vas de camino. Y es en ese camino donde iras aprendiendo.

Eckhart Tolle en su obra *El Poder del Ahora*, nos dice que "tu estas aquí para permitir que el divino propósito del universo se despliegue. ¡Esa es tu importancia!"

Por eso, y desde este momento, debes empezar a eliminar tu dolor y tu enfermedad. No tengas miedo. Pon ahora mismo en prácticas tus conocimientos y si crees no tenerlos, busca quien te ensene a despertarlos porque sé que los tienes. Apégate a personas positivas. Establece conversación con ellos y aprende. Recuerda que con Dios todo es posible. Atrévete y veras que si se puede.

Bueno profesor. Todo lo que usted me ha dicho ha sido como un repaso de lo que me ha dicho antes. Me siento como que yo todo eso lo sé y le agradezco lo mucho que ha dejado que yo aprenda de usted. Dijo el estudiante. Es sorprendente lo bien que usted explica y aborda temas tan profundos y maravillosos.

Esta vez fue el profesor que permaneció en silencio. Y el joven no le interrumpió con más explicaciones.

Para mí, creo que el maestro se sentía complacido con lo bien que su estudiante estaba asimilando el material comunicado. Por eso fue que el joven dijo que "todo lo sabía".

De pronto el joven interrumpió el silencio y le comunico al profesor que tenía que partir.

Sus amigos le esperaban para estudiar y tenía que pasar por su hospedaje para recoger sus libros y material de estudio.

Luego se pusieron de pie y se saludaron como siempre, con un fuerte apretón de manos y un similar abrazo. Esta vez el joven partió primero y el profesor permaneció en el banco.

Al rato note que el profesor extrajo de su bolsillo aquel peculiar llavero y empezó a pasárselo de mano en mano.

El estudiante detuvo su andar. Le dio una mirada al profesor y al verlo jugar con su llavero le ofreció una sonrisa desde lejos y murmuro para sí que el "profesor de verdad se identificaba muy bien con aquel peculiar llavero". Quizás, dijo para sí el estudiante, algún día me deje tener su llavero, o por lo menos me deje de recuerdo la llave vieja color oro desgastado así como hoy él la tiene de su abuelo.

Séptimo Encuentro

Fuente de Agua

Eran como las seis de la tarde de un miércoles cuando el joven estudiante sintió la necesidad de localizar al profesor. Deseaba consultarle cosas que el entendía merecían más explicación. La noche anterior, mientras repasaba mentalmente el material cubierto, apareció algo que aparentaba no estar claro. Por eso decidió, que luego de salir de sus clases en la universidad del pueblo, acudiría al profesor para su acostumbrada explicación.

Al salir de sus clases, emprendió su camino para encontrarse con su maestro. Paso frente a la casa alcaldía del pueblo que estaba frente a la plaza de recreos. Cruzo la calle y camino directamente en dirección de la fuente de agua. Y allí, de espaldas, sentado en su acostumbrado banco, estaba el profesor.

Encontró al maestro observando la fuente de agua que estaba encendida y a todo color y entretenido con su llavero. Al llegar al profesor, el estudiante le poso ambas manos en los hombros en forma familiar a lo que el profesor sorprendido volteo su cabeza para verlo.

Al cruzar su mirada con el joven, ambos mostraron mutua alegría al verse de nuevo.

Se abrazaron cariñosamente, sonrieron alegremente y luego se sentaron en el banco acostumbrado.

No bien terminaban de sentarse, una ráfaga de viento que paso sobre la fuente arrastro parte de las aguas que en ese preciso momento fueron impulsadas a lo alto. Las aguas chipotearon levemente a nuestros protagonistas, quienes casi simultáneamente interpretaron el incidente "como un saludo cordial de la naturaleza a ellos".

Te esperaba, le dijo el viejo profesor al joven estudiante, quien le riposto, que igualmente deseaba verlo.

He pensado mucho en usted, le confeso el estudiante, a la vez que levemente se sacudía parte de las gotas de agua que se impregnaron en su camisa.

El profesor le pregunto a que se debía su inquietud. A lo que el estudiante, al contestarle, daba por comenzada la acostumbrada charla.

En anteriores conversaciones usted enfatizo mucho eso de la divinidad. Dijo que debemos actuar con divinidad ya que Dios nos impartió esa divinidad al darnos el soplo divino en el acto de la creación.

¿Podría usted decirme en qué consiste eso de que nosotros, que no somos Dios, actuemos con divinidad? ¿No sería eso un mucho pedir? Pregunto el estudiante.

No, no sería eso mucho pedir, contesto el profesor, y continuo en su explicación diciendo que el objeto de la convivencia humana es el vivir una vida saludable, con calidad de vida, para que la vida sea preservada, lleguemos a saber quiénes somos y cuál es el propósito nuestro en la vida.

No entiendo, dijo el estudiante.

El profesor le contesto que para facilitar su entendimiento mejor le hablaría de las relaciones humanas, y como estas deben llevarse a cabo.

Cuando tú, te quieres mucho, y yo, que también me quiero mucho entramos en una relación donde nos llevamos bien, nos ayudamos, y nos respetamos mutuamente, estamos actuando con divinidad.

Para que eso suceda, tenemos que siempre tratarnos de igual a igual. No puede haber trato preferente ni diferente. Si nos tratamos de igual a igual estaremos actuando como Dios manda que nos tratemos. Eso, mi querido compañero, es actuar con divinidad.

Si todos actuamos de esta manera estaríamos haciendo de este planeta tierra una convivencia equivalente a una saludable calidad de vida. Así como te digo de las relaciones entre personas particulares te digo también en las relaciones familiares: esposa y esposo, compañeros y padres e hijos.

Bueno, dijo el estudiante, eso se ve muy bonito pero difícil de que se pueda realizar ya que es imposible que toda la humanidad se lleve bien. Todos tenemos nuestras diferencias y personalidades distintas. Me duele mucho pensar que eso es imposible, pero creo que estoy en lo correcto.

Como sabrás, mi querido igual, ¿porque somos iguales no? Pregunto el profesor con picardía.

El estudiante le contesto que sí, que somos iguales pero que en la práctica es muy difícil de materializar esa igualdad. Añadió, que él sabía que las sagradas escrituras dicen que "debes amar al creador con todo tu corazón y con toda tu alma y con toda tu mente. Y que debes amar al prójimo como a ti mismo"

Eso es correcto, dijo el profesor, y añadió que había citado el primer y segundo mandamiento según mateo 22.37.40 que son la base de toda convivencia humana.

Sabes, dijo el profesor, cuando tú te llevas bien con el prójimo no tienes necesidad de llamar a Dios y decirle cuanto lo quieres. Si no que con ese "llevarte bien" con el otro, de tú a tú, o lo que es lo mismo, de igual a igual, es la mejor garantía del amor que le profesas a tu creador. Y eso querido compañero, es actuar con divinidad.

Bueno dijo el estudiante, no sé si hoy estoy un tanto renuente a aceptar sus enseñanzas como en anteriores ocasiones. Lo cierto es que sigo considerando un tanto dificultoso que todas las personas puedan llevarse como usted dice, con divinidad.

Bueno, dijo el profesor, si tu tomas dos amínales domésticos o salvajes estos no tendrán ningún control para determinar cómo podrán llevarse en su relación del uno con el otro, porque no son personas como nosotros. En cambio, el ser humano tiene divinidad, tiene el libre albedrio y la capacidad para elegir y razonar correctamente. Y eso, no lo tienen los otros animales.

El ser humano, hecho a imagen y semejanza, tiene la capacidad para llevarse bien los unos con los otros. Si no lo hacen será por ignorancia, miedo o falta de voluntad. Por otro lado tu responsabilidad es contigo mismo. Tú no eres responsable por la actuación buena o mala del otro. Tú, preocúpate por actuar correctamente y aquel ya se preocupara por actuar como es correcto. Tu deber es crecer como un ser humano a cargo de tu persona y no a cargo de tus semejantes.

Tu responsabilidad es llevarte bien con los demás. Con eso contribuirás a que los otros sigan tu ejemplo. Para eso ellos están dotados de divinidad también. Recuerda lo que dijo el gran maestro, Khalil Gibran, en su libro *El Profeta*: "el sabio no te pedirá que entres en la casa de su sabiduría, si no que te guiara hasta el umbral de sus propios pensamientos".

Si, recuerdo, dijo el estudiante, y agrego que también el profeta dijo que "cada uno de nosotros esta solo en el conocimiento que sea y que también estamos solos en la comprensión del mismo."

Por eso, dijo el profesor, yo no te dije que tú tenías que hacer que los otros actuaran con divinidad. Solo tú eres responsable de tus actuaciones.

Juan C. Villegas, si en su libro, *El Dios No Conocido*, nos dice que cuando "una persona logra establecer relaciones saludables, se siente importante, querida, aceptada, feliz, reconocida y alegre" Todos estos son síntomas de la vida, de la presencia y participación de la vida de Dios y por consiguiente, su autoestima está en el más alto nivel.

Bueno profesor, interrumpió el estudiante, usted siempre me ilumina y con suma facilidad me aclara los puntos donde tengo dudas. Por eso le estoy muy agradecido y no sé cómo pagarle o mejor dicho, compensarle el tiempo que desinteresadamente ha dedicado a mí.

¡No, al contrario!, dijo el profesor. El poder dialogar contigo me da la oportunidad de actuar con divinidad. No te olvides que yo también tengo la responsabilidad de aportar a la vida un granito de arena para que la misma sea lo más placentera y saludablemente posible. Y tú, mi querido estudiante, me estás dando la oportunidad de sentirme bien.

De todas maneras, continúo el profesor, me place sobremanera el agradecimiento que inmerecidamente me otorgas. En realidad eres tu quien me estas ayudando a ganarme el cielo, por así decirlo. Me alegra mucho el que te sientas agradecido de mí, dijo el profesor, y añadió, "al bienhechor le gusta verse correspondido"

Bien, dijo el estudiante poniéndose de pie, tengo que marchar. Mis compañeros de estudio me esperan para estudiar para el examen que se avecina la próxima semana, el martes para ser más específico. A propósito, continuo el estudiante, sobre mis estudios quiero confesarle algo que me está pasando últimamente. Pero quiero tener más pruebas de lo que le contare a los efectos de estar más seguro de lo que estoy observando en mi "laboratorio personal"

¿En tu laboratorio? Pregunto el profesor. ¿No me habías dicho que tienes un laboratorio personal?

El joven volvió a reírse a la vez que le decía al profesor que su laboratorio personal consistía en su entidad física y emocional, más bien, en su total cuerpo humano. Con todos sus sentidos y con toda su divinidad.

Vera usted profesor, una vez usted me dijo que a medida que nos versamos más y más en el conocimiento de lo desconocido y vamos desarrollando nuestra potencialidad humana, ese cambio lo vamos experimentando en nuestro interior y el mismo se refleja en la forma de sentirnos, en la forma de actuar y la actitud que se tiene para con la vida misma.

Yo siento profesor, continuo explicando el estudiante, como que las charlas que tengo con usted me resultan como un ejercicio físico y mental. Al escuchar lo que usted me dice y luego analizar sus enseñanzas y metabolizar el producto terminado de las mismas, esto está creando una transformación en mi modo de pensar y ver las cosas.

Noto, continuo el estudiante, que ese cambio en mí ha sido favorable. Tengo claridad de pensamiento y las ideas me surgen mejores en relación al tema que en ese momento este tratando o estudiando. Es más bien un cambio cultural, una forma de ver las cosas desde otro Angulo sin dejar de considerar el ángulo anteriormente usado, que ahora se convierte en el ángulo de referencia.

También estoy meditando y lo que experimento al meditar es algo extraordinario e increíble y además, difícil de poner en palabras. Mis calificaciones en la escuela han cambiado de buenas a mejor. Y el tiempo que paso con usted, lejos de atrasarme en mis estudios, me ha ayudado grandemente.

Todo esto que estoy experimentando lo siento dentro de mi entidad físico-espiritual, que es a lo que yo le llamo, mi "laboratorio personal"

Pero, dijo el joven, de esto le hablare más tarde ya que tengo que irme y mis compañeros me esperan.

El joven estudiante que ya se había sentado, volvió a ponerse de pie para despedirse. No sin antes pedirle al profesor que le gustaría conocerle más y también conocer a su hija Maritza, a su esposo y sus tres hijos. No sé si es mucho pedir, continuo el joven hablando, pero no quiero perder su amistad y temo que algún día no podamos encontrarnos en la plaza y no tenga yo a quien preguntar por usted, en caso de no encontrarlo en este acostumbrado lugar.

No te preocupes hijo, dijo el profesor, me agrada sobremanera tu interés en mí persona y que quieras conocer más de mí. Te aseguro que siempre sabrás donde encontrarme si me necesitas y yo siempre estaré para ti, cuando me llames.

Pero hoy, dijo el profesor, hoy no podría llevarte a casa, pues tengo otros problemas que atender y tú tienes que marchar a tus estudios. Ya llegara el momento de que vuelvas a visitar mi apartamento y llegues hasta la residencia principal a conocer a mi hija.

Ese día, te prometo llegara y se te cumplirán tus deseos de conocer más de mi persona. Podemos hasta hacer una barbacoa en el patio de mi casa. Allí tendrás la oportunidad de conocer a Maritza, su esposo y mis tres nietos. Ese día será maravilloso y te aseguro lo pasaras entre familia.

Gracias, dijo el estudiante, y despidiéndose del profesor con el fuerte abrazo que últimamente acostumbra, se marchó complacido de la cátedra recibida del maestro y de las dudas que tan extraordinariamente había disipado. También de la oportunidad que tuvo de confesarle a su profesor sobre lo que estaba experimentando en su "laboratorio personal".

Durante el camino a su casa pensó como seria ese encuentro con la familia del ya amigo, el profesor. Nunca perderé su amistad y siempre estaré en contacto con ese extraordinario ser humano.

Octavo Encuentro

Auto estacionado frente al parque de bomberos

El nuevo encuentro entre nuestros protagonistas tuvo lugar en la tarde de un miércoles, día que amaneció lloviendo y caluroso. Por la tarde se tornó fresco. La temperatura bajo a los 69 grados. Pero el día continuo nublado y con amagues esporádicos de nuevos aguaceros. Noté que ya nuestros personajes habían llegado y estaban sentados en el acostumbrado banco frente a la fuente de agua. También me percate que ya se habían saludado y estaban conversando amigablemente, pero aún no habían entrado a discutir ningún tema en específico.

El joven estudiante por ratos permanecía en silencio sin articular palabra alguna. Parecía querer discutir un tema que por alguna razón no se atrevía tocar. Y no encontraba la forma de introducirlo. El profesor parecía darse cuenta de ello pero no lo estimulo a que se definiera.

De pronto el estudiante pareció decidirse a presentar su tema y se dirigió al profesor de la siguiente forma:

Recuerdo profesor que la quinta vez que nos encontramos yo le pedí que me hablara del tema de la muerte. En aquella ocasión usted me sugirió que fuera yo quien abordará el tema porque según usted, yo "estaba suficientemente preparado para ello". Y añadió, recuerdo que usted me ayudo en la presentación del tema y luego me dio una evaluación satisfactoria seguida de su voto de aprobación.

Si, lo recuerdo, dijo el profesor.

Ese tema me impacto mucho. También me hizo ver la muerte desde otro punto de vista.

Hoy profesor, dijo el joven, quisiera que usted me explicara ¿porque siendo la llamada muerte un proceso natural que no debe causarnos miedo ni tristeza, el solo pensar en ella, nos produce tanto temor?

Eso es una buena e interesante pregunta, dijo el profesor. Déjame ver cómo abordar este interesante tema.

La muerte está íntimamente unida a la vida. Y así decimos que cuando comprendemos cual es en realidad la muerte, sentimos más amor por la vida y por consiguiente aprendemos a darle más valor y terminamos viviendo más, dijo el profesor.

La realidad es que la comunidad científica ha descubierto que las células de nuestro cuerpo mueren a cada momento porque así es su naturaleza, la de morir constantemente y ser remplazadas por otras nuevas.

Como el cuerpo humano se remplaza constantemente, nosotros no tenemos el mismo cuerpo que teníamos el año pasado. Por ejemplo, las células de la piel se mueren para que la piel se mantenga lozana y flexible. Si esto no fuera así, entonces la piel se tonaría rígida y no flexible. Las células del estómago también mueren por su propia naturaleza para mantener el estómago saludable. También pasa con las células de la sangre. Todas las células tienen programado sus días de vida y al morir, inmediatamente son remplazadas por células nuevas para que el cuerpo continúe su periodo de vida normal.

Si las células de nuestro organismo no murieran, nosotros no pudiéramos vivir y moriríamos a temprana edad, por ese hecho. Es por eso que podemos con certeza decir que la muerte en si no es nuestra enemiga. Más bien es nuestra amiga porque hemos dependido de ella para poder vivir todo este tiempo. A demás, la muerte ha estado viviendo con nosotros todo el tiempo.

Pero todo no es color de rosas, dijo el profesor. Algunas células se revelan y son renuentes a morir.

Cuando esto pasa, empiezan a dividirse en forma descontrolada produciendo tumores.

Esos tumores se les conocen como cáncer. El cáncer es el resultado de células que se niegan a morir. Estas células cancerígenas activan vasos sanguíneos para recibir su alimento y mantearse viviendo y multiplicándose.

La comunidad científica, para combatir este fenómeno, lo que hace es tratar de privar esos tumores del alimento. Al así hacerlo, le cortan la corriente sanguínea para destruirlos y provocar que la célula pueda morir, como es su naturaleza.

Este acontecimiento nos dice que el cuerpo mismo puede segregar su propia sustancia para mantener la vida. Y eso precisamente es lo que hace cuando segrega la sustancia química para que las células puedan morir y nosotros continuar con la vida . . .

Pero a la misma vez, el cuerpo puede irse fuera de balance y segregar la sustancia química que hace que las células no mueran en forma natural. Por eso decimos que "el secreto para enfermarnos o mantenernos saludable y con vida está en nosotros mismos y no fuera de nuestro organismo".

La comunidad científica está bien consiente de esto y por eso han descubierto medicamentos para bloquear el alimento que pueda llegar a esa célula que se niega a morir, y así poder destruir el tumor canceroso.

Lo que tenemos que aprender es como saber mantenernos con vida saludable y reconocer que el cuerpo mismo tiene en si los ingredientes químicos para mantenernos saludables y tener una mejor calidad de vida.

Bueno profesor, dijo el estudiante. Pero el asunto es que siempre nos vamos a morir de todas maneras. ¿No es así profesor?

Bueno, creo que lo que tú quieres decir es que siempre habrá una separación del cuerpo material, que es indestructible, del ser espiritual que es inmortal. ¿No es así lo que tú quieres decir, mi querido estudiante? Pregunto el profesor.

Sí, eso es lo que quiero decir, dijo el joven estudiante. Y añadió, pero aun no me ha contestado mi pregunta.

Y tienes tu razón, dijo el profesor. Lo que pasa es que aún no he terminado. Lo que tenemos que hacer, dijo el maestro, es aprender a morir conscientemente. Saber que eso es así, entender la definición que ya sabemos de lo que es realmente la llamada muerte y usar nuestro mismo cuerpo para curarnos. Saber cómo hacerlo y ponerlo en práctica y cuando nos llegue el día, no debemos tener miedo porque hemos aprendido a morir conscientemente, añadió.

Morir con plena conciencia resulta totalmente natural si has vivido con el conocimiento íntimo que debes tener de tu propia existencia.

De pronto el profesor extendió su mirada hacia el frente del famoso parque de bomberos.
Allí alcanzo ver a su hija que estacionaba su auto frente al parque para recoger al profesor, como habían previamente acordado.

Tengo que marcharme, dijo el maestro. Mi hija llego a recogerme. Después nos vemos y seguimos platicando.

Luego abrazo al joven estudiante y se marchó apresuradamente, pero con pasos lentos y contados y el estudiante permaneció en el banco tratando de analizar la explicación de su maestro y la rápida despedida del profesor sin antes haberle dicho que ese día se marcharía temprano.

Note que el estudiante parecía triste. Su rostro reflejaba incomodidad. Parecía no estar del todo complacido con la explicación de su maestro.

De pronto se puso de pie. Y emprendió su marcha en dirección a la casa alcaldía. Luego dobló a su derecha y continuó su caminar lentamente y cabizbajo hasta llegar a su hospedaje. Allí tomó un baño caliente. Se acostó en la cama y al poco rato se quedó dormido.

Noveno Encuentro

Fuente de Agua con niños

Eran como las cuatro y media cuando el joven estudiante volvió a reunirse con su profesor en el acostumbrado banco de la plaza de recreos del pueblo. Esta vez, la fuente estaba apagada y casi se veía sin vida. Unos niños de corta edad se entretenían jugando alrededor de la fuente. Los niños más grandes se montaban y se bajaban de las figuras de los leones, más o menos en forma desordenada y un poco peligrosa. Aun así, note que tenían cierta supervisión que sus respectivos padres parecían darle a corta distancia.

También había otros adultos que al parecer se dieron cita en el lugar para conversar o posiblemente salían del servicio religioso de la iglesia, La Catedral. En ocasiones, la iglesia abría sus puertas al público en general y al turista en particular. Ese día tenía lugar un servicio religioso. Por eso, habían más personas alrededor de la fuente que de costumbre.

Al encontrarse nuestros personajes se dieron su acostumbrado saludo. Luego de conversar algunas cosas vanas y sin mayor importancia, los dos protagonistas iniciaron su acostumbrado dialogo.

Los otros días, dijo el estudiante, usted me dijo que nosotros podíamos formular una intención. Esto es, desear algo, y esto se materializaría en nuestra vida en forma asombrosa. Para mí, eso significa que si hoy nos proponemos o deseamos comer helado, el universo se encargara de que así sea. Y al final de cuentas, ese día, terminamos comiendo el helado.

¿No es así profesor? Pregunto el estudiante. Y el profesor le contesto que estaba en lo correcto.

Entonces, prosiguió el estudiante, las intenciones que a diario tenemos están conectadas de alguna forma con el universo para que este coopere, como usted me ha dicho en múltiples ocasiones, y tenga existencia material esa intención en nosotros.

Eso es correcto, dijo el profesor,

Siempre que intencionados algo, tal intención en si misma contiene los elementos necesarios para su implementación. Estas intenciones, al igual que los deseos y los pensamientos, tienen un poder organizador extraordinario con la fuerza necesaria para que se dé el resultado que se quiere, dijo el maestro.

Profesor, dijo el estudiante. Entiendo que si nosotros profundizamos más en este conocimiento podríamos hacer desaparecer cualquier dolor, o circunstancia adversa en nosotros, con tan solo desearlo.

Correcto, dijo el profesor, eso es así.

Mas sin embargo, añadió el estudiante, en la mayoría de los casos no es así. Por ejemplo, hay personas que van por la vida arrastrando dolores inmensos. No tan solo en su cuerpo si no también es su alma. Y desean librarse de ese dolor y esa molestia que constantemente los maltratan y los consumen, pero no pueden.

¿Podría explicarme profesor, porque no pueden?, pregunto el estudiante.

Veo que tu estas empezando a poner en práctica lo aprendido y que quieres extender tu conocimiento para podes servir mejor a tus semejantes, y eso es bueno, dijo el profesor.

Tu preocupación por los demás representa sencillamente tu gratitud para con el universo, para con la vida misma. Sin darte cuenta le estas dando gracias al universo por lo que tú tienes, por lo que estas adquiriendo y por lo que tendrás en el futuro. Tu actitud, añadió el profesor, hará que se faciliten tus deseos y que tus intenciones se materialicen en tu vida.

Así, dijo el profesor, es como funciona esto.

Pero antes de abordar este tema tan importante para ti, debo aclararte ciertos puntos que descuidadamente tú has mencionado al decir que "el dolor se siente también en el alma".

Debes recordar que ya hemos cubierto con claridad que el espíritu es inmortal, es indestructible, siempre existió y siempre existirá. El espíritu no necesita desarrollarse más, está plenamente desarrollado. No sufre no hay dolor en el espíritu, la enfermedad no puede atacarlo y nunca morirá.

Debes tener bien claro que el espíritu que tenemos dentro, la parte más importante (por así decirlo) en nuestra composición de ser humano, es nuestra participación con Dios.

Cuando nos referimos al dolor, el mismo está en el cuerpo físico y el espíritu no experimenta dolor de ninguna clase. Por eso, querido amigo, debes medir tus palabras para que no te confundas en tus explicaciones y no hechos a bajo sin darte cuenta el material aprendido.

Cuando hablamos de estas cosas espirituales, del ámbito de lo no conocido, tenemos que entenderlas bien para no fallarnos a nosotros mismos. Yo no quiero, dijo el profesor, que tu relación íntima con el universo se désincronice sin darte cuenta. Recuerda siempre que es el universo quien cooperara contigo, y debe haber armonía entre tú y el universo entero.

Recuerda también tratar el cuerpo como lo que es, un cuerpo material. Y considerar el alma, el espíritu con todos sus atributos. Por ejemplo, que es inmortal, no se enferma y no siente dolor. Por consiguiente, no hay dolor en el alma.

¿Estamos? Pregunto el profesor. Y el estudiante repitió, que sí, que estamos.

Bien, dijo el maestro, estábamos tratando el tema de que cuando tenemos la intención de que algo suceda en nuestra vida, debe ser una intención verdadera y no un mero capricho.

Una vez tengas el deseo o la intención, debes inmediatamente reconocer que le toca al universo ocuparse de realizar la misma. Por lo cual, desde ese momento, debes desvincularte completamente de pensar en el resultado. Ese no es trabajo tuyo. Ese deber le compete al universo. Por eso, la intención no debe ser caprichosa. Debes pues crear una armonía entre lo que tu intenciones y lo que el universo anhela para ti.

Por eso debemos siempre agradecer todo lo que la vida nos ha dado. Ante un revés, no debes sentirte defraudado. Debes rápidamente entender que lo que te sucedió fue por alguna razón, y esa razón la conocerás a su debido tiempo.

A medida que empieces a ver materializar tus intenciones te sentirás más seguro del procedimiento interno del universo y estarás más confiado de ti mismo. Sé paciente, ten la calma necesaria y veras como empiezan a ocurrir "los milagros", los cuales con el tiempo, no te causaran sorpresa alguna.

Bien profesor, dijo el estudiante, explíqueme que debemos hacer para genuinamente desvincularnos de lo que deseamos. O sea ¿qué podemos hacer nosotros para no pensar en lo que queremos y darle paso al universo para que haga su trabajo?

Le pregunto esto profesor, porque resulta un tanto difícil intencional algo y luego sacar ese deseo de la mente, dijo el estudiante.

Bueno, dijo el profesor, yo lo que puedo hacer es explicarte con simples ejemplos como es que funciona el desear algo y luego desvincularte del resultado de lo que has deseado.

Pero yo no puedo ensenártelo, tienes tú que aprendértelo, dijo el maestro.

Veras mi querido estudiante, dijo el profesor. Cuando creemos en Dios, y a él le pedimos con fe, en ese pedir mismo está implícito el resultado de lo que hemos pedido. La fe nos alumbrara el camino para no dudar ni un ápice de que Dios nos concederá lo deseado. Eso es demostrativo de tener fe. Por eso cuando vamos en oración debemos hacerlo con mucha devoción y determinación.

Bárbara Brenen, en su libro, *El Poder de la Oración*, nos dice que "cuando vamos en oración lo debemos hacer con la misma intensidad que hacemos el sexo, con todo lo que tenemos".

No te preocupes de los detalles. No vallas chequeando si ya se dio el resultado deseado. Aquiétate, demuestra la fe que dices tener y maravillosamente veras el resultado.

Otro ejemplo que te puedo dar sobre este punto, es algo que nos pasa a todos. A veces no nos acordamos del nombre de una persona. Si nos esforzamos mucho en dar con el nombre, no lo conseguiremos recordar. En estos casos lo que debemos hacer es desconectarnos del resultado de saber su nombre. Olvidemos la rememoración e inmediatamente nuestra intención de saber el nombre pasara al ámbito virtual. Allí, en ese ámbito, el universo buscara el nombre de esa persona y te lo proporcionara sin tu participación consciente.

Así, dijo el profesor, ante un deseo nuestro lo que se requiere es tener la intención y luego el desapego. Desvincúlate del resultado esperado y deja el universo que se ocupe de los detalles. Entonces, dijo el profesor, cuando te llegue el resultado, no te olvides de dar gracias al universo. Y aun antes de obtener el resultado, podrías hasta dar las gracias anticipadas.

El joven estudiante permaneció por un rato pensando y absorbiendo el nuevo material. Luego, habiendo pasado un tiempo relativo, el profesor le pregunto al estudiante si había alguna preocupación que pedía explicación adicional.

El estudiante cruzo la pierna izquierda al otro lado del banco, se posiciono de frente al profesor y mirándolo fijamente en los ojos le pidió que le indicara como podemos librarnos del dolor físico que en muchas ocasiones nos acosa, nos maltrata y nos abusa.

Bien, dijo el profesor, para eso tenemos que tener acceso al universo y aprovecharnos de los beneficios que a nuestra disposición dispuso, la gran inteligencia universal, para nuestro uso y disfrute.

Tenemos dos formas de librarnos del dolor físico. Una de ellas es mediante la oración con la cual podríamos pedir a Dios directamente que nos conceda lo que intencionamos. Qué bien podía ser el disipar el dolor, una enfermedad o lo que en ese momento deseemos hacer desaparecer de nuestra existencia. Esto sería lo más fácil. Solo tener fe y ponerlo en práctica.

La fe tiene el efecto de situarte en el universo mismo, en el plano espiritual desde donde tocaras y se te abrirán las puertas. ¿No has oído tú que tan solo con la fe nos sanamos? También has oído que la fe mueve montañas. Por eso, mantén siempre la fe viva para cuando acudas a ella, la tengas.

La segunda forma de manejar el dolor es usando la potencialidad de la divinidad que tenemos como seres humanos. Al así hacerlo, traerías armonía en tu cuerpo. Tal armonía es necesaria para sacar de nuestro cuerpo cualquier padecimiento incluyendo desde luego, el dolor. Pero para eso tendrías tú que buscar el conocimiento verdadero y usarlo. Ya tú sabes que el plano espiritual el pensamiento juega un papel muy importante para la sanación del cuerpo.

Y así, continuo el profesor, un pensamiento positivo le presentara una buena sugerencia a la mente la cual notificara al cerebro y este causara la segregación de la sustancia química necesaria para que sane cuerpo.

El estudiante interrumpió al profesor preguntándole si necesariamente hay que estudiar esto para que tal maravilla se de en nuestro cuerpo.

El profesor le respondió, que simplemente esta información hay que tenerla. Y se tiene, bien sea mediante estudios o bien porque la gran inteligencia universal se la haya dado a quien así el determino que la tuviera. Es bien sabido que personas poseen ese conocimiento sin haberlo estudiado académicamente. Tampoco se han autoeducado, ni han tenido ningún maestro que no fuera Dios mismo.

Entonces, dijo el estudiante, tenemos que concluir que Dios les da a unos unas habilidades que no les da a otros.

El profesor le contesto al estudiante que si él tenía alguna queja del Ser Supremo, muy bien podía presentársela cuando acudiera a Él en sus oraciones. Por otro lado, si lo hacemos, tendríamos que también preguntarle porque unos nacen con la habilidad de ser pintores, buenos compositores, cantantes con una voz extraordinaria. También buenos albañiles carpinteros y cocineros, y otros no.

Pero una cosa te aseguro, dijo el profesor, todos tenemos divinidad y podemos usarla inmediatamente tan pronto la despertemos en nosotros. Y si así lo hacemos, será sin lugar a dudas una evolución que traerá en nosotros sabiduría, iluminación, y nuevos horizontes. Sin lugar a dudas despertaremos a una nueva realidad.

Sobre esto, dijo el profesor, Chopra nos dice en su libro titulado, *Sincro Destino*, que "cuando esto se da, tus días serán dramáticamente distintos y más emocionantes . . . te convertirás finalmente en la persona que el universo tiene planeada para ti. Serás tan poderoso como el deseo y tan creativo como el espíritu."

Y luego, el profesor, mirando fijamente a los ojos del su estudiante le pregunto, ¿que de lo explicado ahora no entendía? A lo que el estudiante casi al instante le contesto, que todo lo entendía. Y luego de permanecer en silencio por un tiempo más o menos corto, el estudiante le comunico al profesor que en su caso particular, él no se negaría el conocimiento de saber más sobre lo que a él, ya le estaba dando buen resultado.

Bueno dijo el profesor, para otros no es lo mismo. Muchas personar se niegan así mismo entrar en lo desconocido por qué piensa que no tienen el privilegio de saber. Otros se niegan el conocimiento para evadir su responsabilidad de contribuir con la humanidad a tener una mejor calidad de vida. Dejando esa responsabilidad a otros.

También existe un grupo más reducido de los que simplemente no les importa nada.

Esos son los que pasan por el mundo sin dejar huellas de consideración imborrables.

Son los que, si son jóvenes, siempre dependerán de otros y si son viejos o han llegado a la mayoría de edad, se acuestan a dormir a esperar con dolor, la llamada muerte. Esos son los que ante el conocimiento te responden que lo buscaran más tarde, cuando se les pase el dolor, o se le pase esto o lo otro. O cuando llueva, cuando haga frio o cuando haga calor y salga el sol.

Se buscan la mar de excusas para justificar su impotencia, voluntariamente infligida.

Pero siempre hay luz al final del túnel. Y están aquellos como tú, que quieren saber para su beneficio personal y para toda la humanidad. Es a esos como tú que va mi explicación al respecto, concluyo el profesor.

Por eso, dijo el profesor, tú no vas a poder manejar el dolor si no te posicionas dentro de tu interior. Es allí donde encontraras el poder para hacer desaparecer el dolor. Es dentro del cuerpo físico desde donde se origina el dolor, la pena y todas esas otras tribulaciones que generan dolor físico. Para aquellos que tienen que ver para poder creer, ya hemos dicho que el pensamiento tiene en si una sustancia química. Eso es fácil de creer ya que los científicos ya lo han reconocido.

Hemos dicho también que el pensamiento tiene energía e información, y esto es también fácil de creer porque la comunidad científica claramente lo ha reconocido y lo ha puesto en práctica con las máquinas de fax y con el instrumento computarizado que usamos para abrir nuestro automóvil, sin tener que usas las llaves convencionales.

Eso es correcto profesor, dijo el estudiante. Y añadió, los otros días leí en el periódico que los científicos desarrollaron un sistema que permite dar órdenes a un "robot" solo con el pensamiento y el robot responde en 125 milésimas de segundo.

Correcto, dijo el profesor. Este dispositivo ha sido desarrollado por el centro de colaboración 'Toyota motor' y el centro de investigación 'génesis'. Y lo bonito de esto es, que ese dispositivo se usa con pacientes en silla de ruedas y es capaz de adaptarse a las características de cada usuario en particular. De forma que el usuario de la silla de ruedas recibe y ejecuta las ordenes tan rápido que no se percibe ningún retraso entre la orden y el movimiento.

¡Vaya profesor!, ¿usted también leyó el artículo en el periódico? Pregunto el estudiante.

Seguro, contesto el profesor. Yo también leo el periódico. Además, ya te dije que hay que buscar el conocimiento donde este. Tanto en lo conocido como en lo no conocido.

Bien, dijo el estudiante. Ahora deseo me explique cómo podría yo entrar en mi interior para desde allí, manejar el dolor.

El profesor le contesto que para poder entrar en su interior tenia, entre otras cosas, que aprender a meditar. Y acto seguido, comenzó a explicarle.

Antes de entrar en la meditación tienes que mostrar tu intención de manejar el dolor y de que desaparezca de tu cuerpo. Luego de expresar este sentimiento, entras a meditar colocándote en el espacio entre los pensamientos. Allí, en el espacio entre los pensamientos, te encontraras con tu ser interior. Con tu yo. Contigo mismo, como espíritu puro que eres. Estarás frente a frente a esa inteligencia universal. Allí encontraras la contestación a tu pedido o el resultado deseado.

Cuando estés meditando, debes recordar que estas de visita en un lugar donde no debes tocar nada, tampoco debes detenerte a juzgar nada. No persigas con la vista lo que veas. Permanece sereno/a y quieto/a, con la mente en blanco. Aquí, no pedirás nada al universo. No expresaras ningún deseo ni albergaras ninguna intención que tengas. Es aquí, en este lugar, donde crearas una relación de armonía con el universo, y este se comunicara con trigo sin tu darte cuenta.

Al entrar en la meditación, asumirás la postura apropiada, sentado y con los ojos cerrados para no entretenerte. Percibirás como tu cuerpo se va relajando. La tensión que durante todo el día te acompañaba, se disipara. Sentirás una paz interior extraordinaria. Y cuando entres en el espacio entre los pensamientos estarás en contacto con tu ser interior.

Mucho se ha escrito de que con esta práctica, podrías bajar los niveles de azúcar si lo tienes alto, o subirlo si lo tienes bajo. Podría la presión sanguínea y hasta el colesterol nivelarse en la debida forma.

Cuando entres en el espacio entre los pensamientos, el dolor que experimentaba hace unos momentos, antes de la mente quedarse en blanco, ya no lo sentirás.

¿Cómo? Interrumpió el joven estudiante. ¿Dice usted profesor, que inmediatamente que yo entre en la meditación, si tenía un dolor, el mismo cesara de afectarme? ¿Ya no lo sentiré más?

Correcto, contesto el profesor. Mientras estés meditando, con la mente en blanco, sin pensar en nada, estarás en el ámbito espiritual. Allí donde no estarás afectado ni por el tiempo ni por el espacio. Allí estas con tu yo interior. En espíritu puro que no es tu cuerpo y por ende, no sentirás dolor alguno.

¡Wow!, profesor. Esto sí que resulta interesante. Y añadió. ¿No será porque estaré dormido?

No, no estarás dormido, estarás siempre despierto, alerta y consiente de todo lo que pasa. También estarás en control para salir de la meditación cuando así lo desees.

Antes de entrar en meditación, has expresado la intención de lo que deseas al universo y él te ha escuchado. Y al entrar en la meditación, nada de esto llevaras contigo. Lo hablado antes de entrar a meditar, hablado esta y lo deseado e intencionado se cubrió antes de entrar a la meditación. Durante la meditación deja tu mente en blanco. Mantente en el espacio entre los pensamientos. Sin pensamiento alguno. Todo el tiempo que puedas.

Si te sales y empiezas a pensar en algo, sácalo de tu mente lo más rápido que puedas.

No persigas con la vista ni con tu mente ningún objeto que se te presente, no le prestes importancia alguna, mantén tu mirada fija al infinito y vuelve a dejar la mente en blanco.

Cuando desees, sal de la meditación. Yo por ejemplo, antes de abrir los ojos recuerdo la hora que empecé a meditar. Luego pienso más o menos cuantos minutos estuve meditando. Algunas veces noto que he estado meditando mucho más tiempo del que yo me imagine.

Eso se debe a que he estado en el campo espiritual. Allí he estado en contacto con mi propio ser, con mi ser interior. Allí no fui afectado por el tiempo, la distancia ni el espacio. Estas cosas pertenecen al mundo físico y no cuentan el ámbito espiritual.

Practica la meditación todas las veces que puedas. Debes saber que cuando estas rezando y orando tú le estás hablando al universo, a Dios. En cambio, cuando estas meditando el universo entero, Dios, te está comunicando.

El resultado de la meditación tú mismo lo sabrás. Nadie te lo tiene que decir.

Y si por tu alegría y entusiasmo te aventuras a comunicar a tus amigos el resultado que vas adquiriendo con la meditación, posiblemente no encuentres a nadie que te crea, algunos te tildaran hasta de loco y hasta se reirán de ti . . .

Te darás cuenta que has experimentado otro nivel en tu existencia donde puedes realizar cualquier deseo.

El Dr. Deepack Chopra, pionero de la medicina mente-cuerpo, en su libro, *Sincro Destino* nos dice que "en cada uno de los niveles de tu existencia están a tu alcance las energías divinas que organizan de manera no circunscrita la danza cósmica para crear la interacción armoniosa de los elementos y las fuerzas que pueden realizar cualquier deseo".

Y para ti, mi querido amigo y compañero, te invito a que nunca te niegas a ti mismo el conocimiento de lo no conocido. No te olvides de que en el universo existen oportunidades que cuando la identificamos y nos aprovechamos de ello, estas pueden producir todo el balance y armonía necesaria en nuestro cuerpo, y esto incluye el control del dolor físico.

Y dicho esto, de pronto la fuente que tenían al frente y que todo ese tiempo permaneció apagada, se encendió. Los chorros de agua (aproximadamente 128 chorros) se dispararon a lo alto, y con los cambios de colores y sus imponentes figuras bronceadas de sus cuatro leones parecía toda la fuente cobrar vida.

Los niños, que se encontraban jugando libremente alrededor, se apartaron apresuradamente para no ser mojados. Pero una vez llegaron al lugar junto a su respectivo padre y se sintieron seguros, y aplaudieron a la fuente alegremente. Y el joven estudiante, uniéndose a los aplausos de los niños, se puso de pie y de frente al profesor le dijo que por su extraordinaria explicación, el aplauso también era para él.

Ambos, el profesor y el joven estudiante permanecieron por un largo rato observando la fuente, el agua y sus cambios de colores. Los niños, que alegremente jugaban alrededor de aquella fuente, para el profesor le traían grandes e inolvidables recuerdos. Y también recordó, en aquellos pequeños, sus días de juventud que ya se fueron y que jamás volverán.

Luego se pusieron de pie, se despidieron con un fuerte apretón de manos seguido del correspondiente abrazo, y se marcharon, cada uno por su lado.

Decimo Encuentro

La calle frente al parque

El día del décimo encuentro de nuestros personajes amaneció lluvioso. El pronóstico del tiempo había dicho que el día estaría con ráfagas de viento y mucha agua. Se esperaba que varios ríos de la parte sur de la isla se inundaran y salieran de su cauce. Se le dio aviso a las embarcaciones pequeñas a no aventurarse mar adentro. Se le indico a la ciudadanía en general, no salir de sus casas si no era absolutamente necesario.

Al llegar a la plaza de recreos, estaba lloviendo a "cántaro". El banco donde el profesor solía sentarse estaba desolado. El estudiante busco guarecerse de la lluvia en uno de los quioscos o establecimientos que vendían objetos de artesanía frente al cruzar la calle del famoso parque de bomberos de la ciudad señorial. Desde allí pudo divisar que el profesor estaba también guareciéndose del agua en el famoso parque de bomberos.

Cuando la lluvia ceso por unos instantes, cruzo la calle y se encontró frente a su especial maestro. Como siempre, se dieron el abrazo acostumbrado después de un fuerte apretón de manos. Allí, en el parque de bomberos establecieron su plática habitual hasta que ceso la lluvia y se movieron al banco de la plaza frente a la fuente de agua adornada por las cuatro figuras bronceadas de los leones.

El banco estaba húmedo pero nuestros protagonistas se sentaron ya que ellos también tenían sus ropas un tanto mojadas. El tema que ya habían empezado en el parque de bomberos era relacionado al sobre peso.

Profesor, se oyó decir al joven estudiante, como usted posiblemente ha notado yo estoy un poco sobre peso. Quisiera saber cómo yo puedo usar de la potencialidad que Dios me dio para yo mismo, sin necesidad de dieta alguna, tener mi peso apropiado y mantenerlo.

Vera usted profesor, continuo el estudiante, a mí me gusta la comida. Eso de dietas no es para mí.yo no soy una persona que se flagela así mismo, no soy un masoquista y no tengo la menor intención de torturarme dejando de comer lo que me gusta ingerir cuando así yo lo deseo.

Bien, dijo el profesor. Yo no creo que tú estés sobre peso pero entiendo que tu interés es conocer más para luego saber cómo controlar tu peso. Ya hemos cubierto en anteriores platicas que cuando Dios creo al ser humano lo creo El mismo, con sus propias manos. También hemos dicho que somos la creación más perfecta de Dios al extremo de que nos hizo a Su imagen y semejanza.

Una vez Dios creo el cuerpo del hombre lo doto de ciertos mecanismos de defensa capaz de proveerse el mismo de su higiene natural para que se mantenga en salud y se limpie el mismo de todos los desechos dañinos que le invaden.

O sea profesor, ¿dice usted que nuestro cuerpo sabe cómo limpiarse, protegerse y cómo regularse así mismo su propio peso?

Correcto, dijo el profesor y añadió, el cuerpo mismo sabe cómo hacerlo independientemente del conocimiento, del estudio o de como se llame el dueño o morador de ese cuerpo. Dios le dio al cuerpo humano la capacidad de cuidarse, protegerse, auto depurarse y desde luego, cuidar y mantener su peso.

Bueno profesor podría explicarme cómo es que el cuerpo humano sabe cómo cuidarse, como depurarse así mismo y desde luego cómo se las arregla en cuerpo mismo para mantenerse en el peso correcto. Pregunto el joven estudiante.

Buena pregunta dijo el maestro. Veras, el cuerpo usa de sus instintos, de su lógica y de su intuición para protegerse. Pero en la mayoría de las veces falla y responde a las presiones externas que le presenta su dueño o morador, en vez de prestarle atención a su sentido común.

Pero profesor, ¿Cómo sabe el cuerpo que debe seguir sus instintos, su razonamiento, su intuición? Pregunto el joven estudiante.

Otra buena pregunta, dijo el profesor. Lo que pasa es que cuando Dios creo al hombre le proveyó a ese mismo cuerpo con una inteligencia innata, bien extraordinaria para que el mismo cuerpo se cuidara así mismo usando su instinto y desde luego, se mantuviera en su peso apropiado. Todo eso vino en el mismo paquete que llamamos "el cuerpo humano".

Debemos entender que Dios, al crearnos no podía dejarnos desprovistos de todo lo necesario para que ese mismo cuerpo mantuviera su existencia. Por ejemplo Dios le proporcionó a ese mismo cuerpo humano del que estamos hablando de un órgano que llamamos el corazón y lo puso a latir un promedio aproximado de cien mil veces cada veinte y cuatro horas consecutivamente sin parar un momento para descansar.

El corazón al latir bombea un promedio de 5.5 litros de sangre diario a través de 154,000 kilómetros de vasos sanguíneos en un periodo de 24 horas. Y todo ese material, mi querido amigo, vino junto con el paquete creado por Dios y que llamamos "el cuerpo humano". El cuerpo humano también tiene la capacidad de transformar el alimento que ingerimos en sangre, en células, huesos, piel. También lo proveyó de un sinnúmero de órganos como los pulmones el hígado, las páncreas, los riñones etc., etc. que Dios incluyo en ese mismo paquete que llamamos el cuerpo humano.

Todos los órganos internos que Dios coloco en el cuerpo funcionan automáticamente para que ese mismo cuerpo se mantenga vivo, se cuide, se proteja y sobre todo preserve su existencia saludable. Además Dios le doto a ese cuerpo con la capacidad de reproducirse convirtiendo un ovulo fertilizado o fecundado en otro ser humano.

A toda esta complejidad del cuerpo humano también le fue provista de un cerebro capaz de supervisar y monitorear todas y cada una de las actividades celulares del cuerpo para asegurarse de que todo funcione con precisión extraordinaria. Ese cerebro está formado por más de 25 mil millones de células altamente desarrolladas sin que todavía haya alguien en el mundo que haya podido determinar qué es lo que puede hacer funcionar una simple célula, si no la mano de Dios.

Es por esto que decimos que cuando Dios creo el cuerpo humano no lo dejo desprovisto de los recursos necesarios para que se conservara vivo y saludable y mantuviera su peso adecuado, independientemente de quien fuere su habitante o la preparación académica o conocimientos específicos de su morador, por así decirlo.

¿Me entiendes? Pregunto el profesor a su estudiante.

El joven contesto que sí, que ahora lo entendía perfectamente pero que necesitaba información adicional. Por ejemplo, quisiera saber, profesor, si Dios creo un sistema organizado de comer los alimentos en forma suficiente, sin autocastigarnos, sin flagelarnos ni quedarnos con hambre de ninguna clase, de forma que al así hacerlo no resultaremos en estar sobre peso.

¡Wow! Dijo el profesor mostrando una sonrisa en sus labios, lo que tú quieres saber es si hay un sistema natural de tratar nuestro cuerpo de forma que podamos comer y comer a nuestro antojo hasta saciar nuestro apetito y que, en el análisis final, no nos cause estar sobre peso. ¿No es eso lo que quieres saber? Pregunto el maestro a su estudiante.

Correcto dijo el estudiante, mostrando también una sonrisa, eso es exactamente lo que quiero saber.

Bien, dijo el profesor, pero antes debo decirte que cuando ingerimos el alimento es para cuidar y nutrir nuestro cuerpo a los efectos de mantenerlo saludable. Debemos recordar que el cuerpo es algo sagrado y cuando ingerimos los nutrientes sin control, solo para satisfacer nuestro deseo, crearemos un desbalance en nuestro sistema motivando así, que el cuerpo expulse a la vez esos mismos nutrientes fuera de nuestro organismo, retenga los desperdicios acumulados y terminemos enfermándonos.

Es por eso que debemos siempre tratar el cuerpo en forma controlada. Por ejemplo el comer, el beber, el trabajar, y cualquier otra actividad corporal debe ser siempre en forma controlada.

Bueno profesor, dijo el estudiante, yo entiendo que no debemos ingerir alimentos en forma descontrolada. Y también extiendo que si ingerimos alcohol el mismo debe ser moderadamente y no en forma desordenada. Pero muchos no verán nada de malo si al hacer el sexo, lo hacemos no tan moderadamente.

Le digo esto profesor porque los otros días usted me dijo que Bárbara Brenen en su libro *El Poder de la Oración*, nos dice que "al ir en oración se debe ir como hacemos el sexo, con todo lo que tenemos". Me da la impresión, profesor, dijo el estudiante, que Bárbara Brenen quiso decir que el sexo se debe hacer empleando todas las fuerzas que tenemos, o sea, no tan moderadamente.

¡No!, exclamo el profesor mostrando una leve sonrisa en sus labios, creo que tú me interpretaste muy mal y es menester que te explique este asunto ahora, antes de seguir con la agenda que tenemos.

En mi explicación, no quiero salirme mucho del tema que estamos tratando, pero las personas que practican el sexo en forma de adicción son personas que se consideran inadecuados. Viven vida solitaria, cambian de pareja a cada momento y nunca se entregan en una relación formal. Tampoco conocen lo que es la intimidad, aunque dan la impresión de que son íntimos . . .

Estos individuos nunca logran satisfacción completa porque lo que ellos buscan, no es en si el sexo, sino algo que ellos entienden no puede lograr porque le resulta muy dificultoso alcanzar. En cambio, la persona que practica el sexo correctamente sin ninguna adicción ni descontrol, es aquella que demuestra consideración. Se dedica más en dar que recibir, no perjudica a su compañero o compañera y consideran sagrada la interacción sexual entre ellos. Charlan y se ríen entre sí, pero nunca se ríen el uno del otro con relación a lo íntimo entre ellos . . .

Estas personas saben lo que es la intimidad y son capaces de mantener una relación por largos años. Se sienten completamente satisfechos con su compañera o compañero y simplemente, no necesitan a nadie más.

Para que te quede bien claro, dijo el profesor, y para que no me hagas ninguna otra pregunta relacionado a este tema, debo decirte que esto nada tiene que ver si la persona en cuestión se divorcia de su esposa si es casada o deja a su compañero o compañera por otras razones que nada tienen que ver con lo que estamos tratando aquí . . .

Es bien sabido que a diario personas que se acoplan bien sexualmente se divorcian o se dejan por causas irrelevantes y que nada tienen que ver con el buen sexo que hubo entre ellos.

¿Necesitas explicación adicional relacionada al sexo? Pregunto el profesor al estudiante y el joven le contesto que no, pero que desea encarecidamente regresar al tema principal referente al sobre peso.

Muy bien, dijo el profesor. Regresemos al tema pero presta mucha atención a esta información y trata de no interrumpir para que puedas absorber la mecánica envuelta en este asunto de bajar de peso y mantener el peso indicado en nuestro cuerpo.

Los esposos Harvey y Marilyn Diamond en su libro *Fit For Life* (traducido al español como *La Antidieta*) nos dicen "que si tratamos nuestro cuerpo humano en forma natural este nos responderá de la misma manera". Por ejemplo, es bien sabido que el cuerpo humano está constantemente luchando por mantenerse bien de salud y por consiguiente, está constantemente tratando de mantenerse en el peso apropiado, pero lamentablemente nosotros no le hacemos caso.

La realidad es que el mismo cuerpo posee el mecanismo para auto depurarse, auto curarse y auto mantenerse. Para eso cuenta con tres ciclos naturales para procesar su alimento.

Estos son los ciclos de "apropiación", "asimilación" y "eliminación". Estos tres ciclos están supeditados a un horario fijo de ocho horas cada uno. Si queremos que los mismos funcionen para nuestro beneficio no debemos alterar ninguno de estos ciclos ¿me entiendes? Pregunto el profesor y el estudiante contesto en la afirmativa meneando su cabeza.

El primer periodo, el ciclo de apropiación, entra en juego inmediatamente que ingerimos el alimento. Este ciclo se extiende por un periodo de ocho (8) horas. Empieza a las 12:00 del mediodía hasta las 8:00 de la noche. Es durante este periodo que lo usamos para comer. Después de las 8:00 de la noche, no debemos ingerir más alimento hasta las 12:00 del mediodía del otro día.

El segundo periodo se le conoce como el ciclo de "asimilación". Este ciclo entra en juego a las 8:00 de la noche y dura un periodo similar de ocho (8) horas hasta las 4:00 de la madrugada. Durante este periodo el cuerpo está asimilando todo lo que hemos ingerido en el ciclo anterior. Es en este ciclo donde el cuerpo se estará encargando de asimilar el alimento ingerido mediante la extracción de las vitaminas y minerales que usara para alimentar y sostener el cuerpo. También echara para un lado aquello que no necesite para ser sacado fuera del cuerpo durante el tercer periodo que se avecina.

Este segundo ciclo al igual que el primero, no debe perturbarse ni alterarse. Usualmente durante este periodo de tiempo estamos durmiendo y no es recomendable que nos levantemos de noche a buscar algo en el refrigerador para comer porque esto alteraría el buen sistema de asimilación.

El tercer periodo se le conoce como el ciclo de eliminación. Al igual que los dos anteriores dura ocho (8) horas y se extiende desde las 4:00 de la madrugada hasta las 12:00 del mediodía. Durante este ciclo el cuerpo lo usa para eliminar y sacar fuera del cuerpo todo lo que no necesita del alimento ingerido y subsiguientemente asimilado. Es a las 4:00 de la madrugada cuando el cuerpo empieza a eliminar las toxinas, la grasa, la basura almacenada por tantos años y a remover los desechos tóxicos que el cuerpo no necesita.

Si hemos dicho que ninguno de los tres ciclos debe perturbarse ni obstruirse, es a este tercer ciclo, el ciclo de la eliminación, que menos debe ser alterado. Es precisamente en este tercer ciclo donde él cuerpo lo usara para limpiarse, depurarse y deshacerse de la indeseable grasa, toxinas y la basura almacenada que nos distorsiona la figura corporal y nos priva de poder lucir la ropa bonita y adecuada que hemos comprado, pero que está ahí en el ropero sin poder lucirla.

El joven estudiante, que siguiendo las instrucciones de su maestro había permanecido escuchando y absorbiendo el material presentado, interrumpió al profesor para pedirle que por favor le explicara un poco más sobre la importancia de no perturbar o alterar ninguno de los tres ciclos naturales del cuerpo.

El profesor le dijo a su estudiante que su interrupción fue apropiada y que su preocupación o pregunta fue muy importante, e inmediatamente paso a contestársela . . .

Veras mi querido estudiante, dijo el profesor, si alteramos cualquiera de los tres ciclos naturales del cuerpo empezaremos a tratar nuestro cuerpo contrario a su naturaleza. Por consiguiente no vamos a perder el sobre peso que nos proponemos perder. Por ejemplo, continuo el profesor, si continuamos ingiriendo alimento pasado las 8:00 de la noche lo que haremos es extender el periodo de comer y postergaremos el periodo de asimilación.

El cuerpo tendrá que esperar más horas para poder empezar el ciclo de asimilación. Esto a su vez postergara el tercer periodo, el más importante de todos, el ciclo de eliminación de desperdicios y toxinas del cuerpo, y no podríamos perder el peso no deseado porque continuaríamos almacenando esos desechos y toxinas en nuestro cuerpo.

El simple hecho de alterar cualquiera de los ciclos tiraremos nuestro sistema fuera de balance. Cuando llegue las 4:00 de la madrugada, cuando el cuerpo estará preparado para empezar a eliminar los desechos, no podrá hacerlo porque se encontrara asimilando lo que has comido y dependiendo de la hora que terminaste de comer, así de tiempo extra se va a extender la llegada del ciclo de eliminación, si es que llega.

Por otro lado, por la mañana te vas a sentir muy mal porque estarás asimilando en vez de estar eliminando los desechos. Se te formara un lio tremendo y perderás la cuenta ordenada de los ciclos naturales del cuerpo. Por consiguiente como has perdido la cuenta y todo el sistema se te ha ido al piso, lo más probable es que el deseo del desayuno te invite a comer, interrumpas el periodo de "asimilación" y te olvides del ciclo de "eliminación" por completo.

Al así hacerlo, regresaras otra vez atrás a ingerir y asimilar dejando poco tiempo para eliminar los desechos, la basura innecesaria y los desperdicios acumulados por falta del ciclo de eliminación que nunca llega.

Entonces profesor, dijo el estudiante si nosotros nos pasamos comiendo y comiendo a todas horas sin importarnos para nada estos ciclos naturales, ¿que pasara con nuestro cuerpo?

Buena pregunta, dijo el profesor. Lo que pasa cuando nos dedicamos a "comer y comer" como tú dices es que atrasamos los periodos de "asimilar" y "eliminar" el alimento y en algunos casos acortamos esos periodos para regresar a primer periodo de "ingerir "otra vez. Y nunca vamos a eliminar los desechos, desperdicios y toxinas de nuestro cuerpo que son los que nos causan el sobre peso.

La realidad es que algunas personas se pasan todo el tiempo ingiriendo o comiendo sin control hasta pasada las ocho de la noche. Luego cuando finalmente se acuestan, el cuerpo solo podrá usar ese periodo de dormir para asimilar lo que se ingirió al acostarse. Luego al despertar estaremos quizás terminando el ciclo de "asimilación" que posiblemente interrumpiremos al volver a comer para empezar de nuevo a "ingerir" dejando poco o ningún tiempo para que el ciclo de "eliminación" entre a funcionar.

Como no dejamos que el cuerpo empiece el ciclo de la eliminación de los desperdicios y toxinas en forma natural, el cuerpo se pondrá a almacenar el material que no necesita en vez de expulsarlo inmediatamente del cuerpo. Ya hemos dicho que ese material almacenado innecesariamente en el cuerpo es lo que constituye las toxinas, los desperdicios que es lo que nos enferma y nos destruye el organismo con canceres, alta presión sanguínea, pobre circulación, falta de visión adecuada, enfermedades de la piel, del oído, los pulmones, problemas del corazón, paro respiratorio, paro renal, vejes prematura y desde luego, el indeseable sobre peso.

El estudiante, que otra vez había permanecido escuchando al profesor interrumpió al maestro para preguntarle si durante el periodo de comer, o sea de ingerir los alimentos podemos comer todo lo que se nos antoje.

El profesor le contesto que otra vez su pregunta fue muy importante y procedió a darle contestación:

Veras hijo mío, dijo el profesor, siento decirte que este proceso es uno altamente organizado por nuestro creador, por Dios, y por lo tanto no puede ser desorganizado. Dios no hace las cosas desorganizadamente. Y añadió:

Es de suma importancia que al ingerir los alimentos se haga tal y como indican los esposos Harvey y Marilyn Diamond en su obra *La Antidieta*. En forma apropiadamente combinada. Este principio se conoce como el principio de la adecuada combinación de los alimentos. Este principio está íntimamente relacionado al primer ciclo de la digestión cuando empezamos a ingerir los alimentos, que debe ser en forma "apropiadamente combinada".

No entiendo profesor, dijo el estudiante. ¿Qué quiere usted decir con eso de que los alimentos se deben ingerir en forma "apropiadamente combinada"?

Lo que pasa es, dijo el profesor, que una vez el alimento llega al estómago inmediatamente el cerebro segregara la correspondiente enzimas que se encargara de triturar y digerir ese alimento en particular. Pero si eso que acabamos de ingerir va acompañado de otro tipo de alimento es posible que se necesite más de un tipo de enzimas para su digestión y puede que ambas enzimas se neutralicen al mezclarse una con la otra en el estómago.

O sea profesor, dice usted que si ingerimos dos tipos distintos de alimentos en la comida podría darse el caso que el cuerpo necesite dos tipos de enzimas diferentes para ser usadas en el proceso de la digestión de esos dos tipos de alimentos y estas puedan neutralizarse en el estómago y no puedan completar la digestión.

Correcto dijo el maestro. Has dado certeramente en el clavo. Y añadió, lo que pasa es que el cuerpo humano no está diseñado por Dios para digerir, a la misma vez, más de un alimento concentrado. Por lo tanto, he de repetir que no debemos ingerir en la misma comida más de un alimento concentrado.

¿Y qué debemos entender por un alimento concentrado profesor? pregunto el estudiante'

Un alimento concentrado es cualquier otro alimento que no sea una verdura o una fruta. Y así decimos que un alimento concentrado es la carne, el arroz, las habichuelas o granos, el pan, los fideos, batata asada, queso etc., etc.

Entonces profesor, ¿Qué pasa si nos comernos un biftec con arroz y habichuelas en la misma comida?

Lo que pasa es que tan pronto llega estos alimentos al estómago, el cerebro segregara una enzimas tipo acida para triturar y digerir la carne y a la misma vez segregara otra enzimas tipo alcalina para descomponer el arroz y las habichuelas. Inmediatamente estos dos jugos gástricos, la alcalina y el ácido, no podrán efectivamente hacer su trabajo porque ambos jugos gástricos se neutralizaran entre sí.

Cuando esto pasa, el cerebro segregara más de lo mismo para tratar de descomponer o triturar estos alimentos, pero volverán a neutralizarse entre sí imposibilitando así que se logre el que los alimentos sean correctamente triturados en el estómago.

¿Y hay algún problema con esto de que el cerebro tenga que segregar una y otra vez estos jugos gástricos para triturar estos alimentos en el estómago profesor?, pregunto el estudiante.

El problema sería catastrófico, contesto el profesor, en primer lugar el cerebro no va a segregar estos jugos gástricos así porque si o con rapidez asombrosa. Tenemos que aceptar que hemos tratado al cuerpo mal. Le hemos tratado fuera de lo natural y el cuerpo responderá de igual forma. Para que el cuerpo vuelva a segregar esos jugos gástricos tendrá que tomarse varias horas en lo que el cerebro produce más jugos gástricos y vuelve a segregarlos.

Entonces, pregunto el estudiante, ¿Qué pasara con ese alimento en el estómago sin la apropiada y correcta digestión?

Lo que pasara con ese alimento casi sin digerir, continuo el profesor, es que permanecerá en el estómago más horas de las adecuadas esperando ser trituradas por los jugos gástricos que constantemente se neutralizan. Eso mantendrá nuestro estomago muy lleno por más tiempo del necesario. El alimento así estancado tendera a descomponerse. La proteína se pudre mientras los carbohidratos se fermentan. Empezaremos a eructar o repetir la comida, nos dará acidez estomacal, empezamos a sentirnos mal y con el tiempo, por la constante repetición de esa manera de ingerir los alimentos, llegaremos a enfermarnos gravemente.

La facilidad en que definitivamente nos enfermaremos dependerá del tipo de constitución física nuestra. Unos tenderán a enfermarse más rápidos que otros, pero a la larga nos enfermaremos todos.

Es por eso que la industria farmacéutica tiene la mal de medicamentos para las enfermedades estomacales con la cual está haciendo mucho dinero. Por otro lado si vamos a un doctor inescrupuloso, este nos recetara un medicamento más fuerte y más caro pero seguramente no nos dirá la causa de este mal sino que solo tratara los síntomas sin decirnos el porqué del asunto. Así podemos visitarlo a cada momento y el hará una fortuna con nuestra forma equivocada de ingerir nuestros alimentos.

Entonces profesor, el asunto es que debemos ingerir los alimentos en forma propiamente combinada de forma que los carbohidratos no se comen junto con las proteínas. Esto es las proteínas como las carnes han de comerse solas o con vegetales pero nunca juntas con el arroz y las habichuelas porque estas son carbohidratos, dijo el estudiante.

Eso es así, contesto el maestro mostrando una sonrisa de satisfacción por lo bien que su estudiante asimilo el material y lo expreso bien en sus propias palabras.

Harvey y Marilyn Diamond en su libro, *Fit for Life*, *La Antidieta* nos dicen que "consumir en la misma comida carbohidratos y proteínas retarda, e incluso impide, la digestión" También nos dicen que "si los alimentos se combinan adecuadamente, sufren una descomposición completa y son absorbidos y utilizados por el cuerpo: entonces, en la materia fecal no aparecen fragmentos sin digerir"

Entonces profesor, dijo el estudiante, lo importante es que no es apropiado consumir dos alimentos distintos y concentrados a la vez para que estos no estén tantas horas en el estómago esperando ser digeridos apropiadamente y pasen rápido al intestino para continuar con la digestión completa, ¿No es así profesor?

Eso es así, contesto el profesor. Y añadió, si hoy vas a comer carne, por ejemplo, un bistec o pavo o pollo o cualquier otro tipo de carne, ese debe ser el único alimento concentrado en esa comida.

Puedes, desde luego, acompañar la carne con verduras y ensaladas pero bajo ninguna circunstancia con otro alimento concentrado como lo es el arroz, las papas al horno, las habichuelas o sea no mescles la carne con ningún almidón o carbohidrato.

"Profesor", dijo el estudiante, "¿Podríamos comer dos o más almidones o carbohidratos juntas en la misma comida? Por ejemplo: ¿podríamos comer pan, fideos arroz patata asada todo juntos en una comida?

Si contesto el profesor. Y esto porque las almidones o carbohidratos no se descomponen o pudren con tanta rapidez como las proteínas, que es el caso de la carne. Tampoco se deben comer dos proteínas distintas en la misma comida. O sea, puedes comer dos o tres carnes como el pollo, el pavo y el bistec en el mismo plato porque son proteínas de la misma clase . . .

Pero dos proteínas distintas como lo son el bistec y el maní, el huevos, o productos lácteos son proteínas que no deben comerse juntos porque su descomposición es distinta.

O sea, profesor, no debemos comer carne acompañada de un vaso de leche o maní o queso o huevos, porque como usted dijo, son proteínas de distinta clase y su descomposición en el estómago es distinta, dijo el estudiante.

Correcto, dijo el profesor.

Y las frutas profesor, ¿Cómo debemos comer las frutas? pregunto el estudiante

Me alegro que me hayas hecho esa pregunta, contesto el profesor. Las frutas deben comerse con el estómago vacío. Nunca juntas a ningún otro alimento.

Y cuál es el porqué de esto profesor. ¿Porque debe comerse la fruta siempre con el estómago vacío? Pregunto con ansiedad el joven estudiante.

Las frutas deben comerse con el estómago vacío porque cuando consumimos frutas estas pasan del estómago al intestino en un periodo de veinte a treinta minutos. Esto porque las frutas tienen sus propios jugos gástricos y se consideran que son alimentos pre digerido, concluyo el profesor . . .

Pero cuando consumimos las frutas con otro alimento nos vamos a sentir muy mal del estómago porque la hemos consumido inapropiadamente. Ya hemos dicho que siempre que comemos el alimento sin combinarlos apropiadamente tendremos problemas con la neutralización de los jugos gástricos en el estómago y lo que comamos así permanecerá en el estómago por ocho horas. La realidad es que si podemos comerla sola, con el estómago vacío, solo la tendremos en el estómago por veinte o treinta minutos solamente.

Una vez la fruta entra y sale del estómago, si la comemos con el estómago vacío, la misma ira rápidamente a limpiar de impurezas al intestino. A la vez que nos alimenta y nos llena de nutrientes.

Harvey y Marilyn Diamond en su libro, *La Antidieta* nos recalca en varias ocasiones que" "La fruta, por su alto contenido de agua y por la poca energía que exige para digerirla, desempeña un papel muy importante permitiendo que el cuerpo se desintoxique aportándonos gran cantidad de energía para perder peso y para otras actividades vitales" por eso, dicen ellos que: "la fruta es el mejor alimento que podemos comer"

Profesor, dijo el estudiante, si la fruta debe comerse con el estómago vacío, ¿cómo sabemos nosotros cuando el estómago está vacío?

Buena pregunta dijo el profesor. Para saber si el estómago está vacío tenemos que ver qué fue lo último que injerimos y cuando fue que lo ingerimos. Por ejemplo: si lo que comimos fue un bistec con vegetales y en forma propiamente combinada, eso estará en el estómago por espacio de cuatro horas. Pero si lo que ingerimos fue carbohidratos con ensalada (arroz con habichuelas) bien combinado ese alimento estará en el estómago por espacio de tres horas. Por otro lado, si lo que se comió fue ensaladas o verduras únicamente, eso estará en el estómago solamente dos horas. Contesto el profesor.

Bien, dijo el estudiante. Lo que tenemos que hacer es determinar cuándo fue que comimos, a qué hora se ingirió el ultimo alimento y que tipo de alimento se ingirió para, dependiendo del alimento en cuestión, determinar cuánto tiempo durara lo que se comió en el estómago para ver si el estómago está vacío o si aún el alimento permanece en el mismo.

Profesor dijo el estudiante, y si lo que comimos se ingirió inapropiadamente o mejor dicho, sin estar propiamente combinado, ¿Cuánto tiempo durara esa comida en el estómago?

Has tocado tú un punto muy importante con tu pregunta, dijo el profesor a su estudiante. Es importante decir que cuando comemos inapropiadamente, sin la propia combinación de los alimentos, estos permanecerán en el estómago más del tiempo requerido porque entraran los jugos gástricos a segregarse y a neutralizarse constantemente. Pero no por más de ocho horas.

Si a las ocho horas el alimento no se ha triturado o digerido, el estómago, a través del proceso de "perístasis", lo bombardeara así como este, sin digerir, podrido y mal oliente al intestino para que este continúe con el proceso que sigue de "asimilación". Esto porque ya hemos dicho que cada proceso durara un máximo de ocho horas cada uno de los tres.

Bueno profesor, dijo el estudiante. Tengo que marcharme pero antes de partir quiero hacerle una última pregunta.

Bien, contesto el profesor. ¿Cuál es la pregunta?

Mi última pregunta consiste en lo siguiente: Sabemos que durante la madrugada, a partir de las 4:00 de la madrugada el cuerpo empieza al ciclo de eliminación. Este ciclo durara ocho horas y terminara a las 12:00 del medio día. El asunto es que usualmente nos levantamos a las 6:00 de la mañana o un poco más tarde como a las 8:00 de la mañana. Es durante este periodo que el cuerpo nos pide un buen desayuno . . .

Y según usted me explico, no debemos afectar este ciclo en lo más mínimo porque es durante este tercer periodo, el ciclo de "eliminación", donde el cuerpo está precisamente tirando afuera las toxinas y los desperdicios y todo esa grasa y basura, por así decirlo que nos causa ese sobre peso que llevamos encima y definitivamente no deseamos tener.

¿Qué hacemos con el desayuno profesor? ¿No habrá desayuno? ¿Nos iremos al trabajo o a la escuela sin desayunar? Pregunto el estudiante.

Bueno, dijo el profesor, si lo que tu deseas es bajar de peso, desintoxicar y limpiar tu cuerpo, o darle más energía y salud a tu cuerpo te recomiendo que no interrumpas de ninguna forma o afectes este tercer ciclo que llamamos el ciclo de la "eliminación" . . .

Ahora, si tú te encuentras que no puedes resistir sin comer algo durante estas primeras horas de la mañana, te recomiendo que solo comas frutas o jugo de frutas. Puedes comerte todas las frutas que desees porque ya hemos dicho que estas solo permanecerán veinte o treinta minutos en el estómago y pasaran al intestino sin necesidad de ser digeridas porque las frutas están "pre digeridas" . . .

Y si es jugo, este solo tomara veinte minutos en el estómago . . . Como los jugos y las frutas no tendrán que digerirse, el sistema digestivo continuara con el ciclo de eliminación que habías interrumpido . . .

Pero si tú decides comerte un sándwich de pan con jamón y queso, lechuga y tomate, huevos fritos, un vaso de jugo o de leche etc., etc. Lo que estarás haciendo es no solo interrumpir, sino derrumbar por completo el ciclo de eliminación y tirando el proceso para atrás de regreso al primer ciclo . . .

El cuerpo tendrá que posponer el último ciclo, el ciclo de eliminación, y regresar atrás al primer ciclo a bregar con el alimento recientemente ingerido que durara ocho nuevas horas en el estómago. Esto porque en este caso del ejemplo, lo ingerido se realizó sin la apropiada combinación de los alimentos y por lo tanto durara ocho horas en el estómago.

Abras interrumpido el ciclo de eliminación y abras tirado por la borda todo el proceso, concluyo el profesor, mostrando cara de decepción y tristeza.

El estudiante permaneció quieto, callado, inmóvil quizás pensando que no debería haber hecho esa pregunta. Demostró al hacer la pregunta que no pareció haber estado prestándole atención al maestro y tal pregunta no era apropiada hacerla después que el profesor había dedicado tanto tiempo en la explicación de tan importante tema. Albergó la idea de pedirle excusas pero opto por no hacerlo. Después de todo era una pregunta y al profesor le gustaba que él no se quedara con ninguna duda.

Luego nuestros personajes cambiaron el tema. Hablaron de cosas triviales, más o menos sin importancia. Y más tarde se despidieron con su fuerte abrazo y apretón de manos.

Acordaron verse la próxima semana. Se pusieron de pie y ambos emprendieron su marcha. El maestro, en dirección al famoso parque de bombas y el joven en dirección a la calle que pasa frente a la casa alcaldía de la ciudad.

Mientras se separaban en su andar, el joven estudiante pudo oír el sonar del llavero del profesor mientras se lo pasaba de mano en mano. Eso le causo una leve sonrisa, miro hacia atrás en la dirección del profesor y luego continuo su marcha.

Al llegar a su apartamento, se preparó un té de manzanilla caliente, luego seco su cabeza con la toalla, se cambió sus ropas húmedas y se puso a estudiar para un examen que tendría al día siguiente en la universidad.

Undécimo Encuentro

Casa Alcaldia

Han pasado varias semanas desde el último encuentro entre nuestros dos personajes. Posiblemente el tiempo transcurrido sin verse se debió a los compromisos universitarios del joven estudiante. El profesor ya lo estaba extrañando pero entendía que sus responsabilidades escolares, tenían que ocupar un lugar preferente a sus acostumbradas charlas. Aun así el profesor siempre frecuento la plaza de recreos y estuvo disponible para su estudiante.

Se pudo notar que el día se presentó muy precioso, aunque la fuente no está encendida y las aguas no circulan. El sol brilla con todo su esplendor. Aunque por ratos es cubierto por nubes que opacan sus rayos haciendo un tanto fresca la tarde y dándole al día apariencias de lluvia.

Hoy, dijo el profesor para sí, no estaré mucho tiempo en la plaza ya que tengo una cita con mi hija Maritza, que me espera para cenar en familia.

De pronto fue súbitamente abrazado por el joven estudiante que sigilosamente y sin que él se diera cuenta, fue acercándosele al maestro por su espalda.

Hola, dijo el estudiante, y acto seguido el profesor le riposto que lo extraño todos estos días pasados y le había hecho mucha falta. Si vuelves a ausentarte tantos días consecutivos a tus clases, tendré que darte pobres calificaciones, le dijo el profesor al estudiante en tono de bromas. Y ambos se rieron copiosamente.

La risa quedo levemente interrumpida cuando el estudiante presento sus excusas y prometió no volver ausentarse más a clases. Esto motivo que ambos reanudaron la risa que únicamente ellos entendían. Luego fueron poco a poco acortando sus risas y entregándose a su acostumbrada charla.

Los otros días profesor, dijo el estudiante, cuando usted me explicaba acerca de cómo podemos desear algo y lo deseado se materialice en nuestras vidas, usted uso en su explicación la frase bíblica "toca y se te abrirán la puertas." Esto es practicante similar a la otra frase bíblica de "pide y se te os dará". O sea, que si pedimos con fe, el universo nos concederá nuestro pedido.

Correcto, contesto el profesor, recuerdo que en aquella ocasión tu elocuentemente preguntaste como podríamos librarnos del dolor físico que en muchas ocasiones, tal y como tu describiste, ". Nos acosa, nos maltrata y nos abusa".

Gracias profesor, interrumpió el estudiante, veo que usted recuerda mi frase perfectamente. Hasta me ha citado tal y como en múltiple ocasiones lo ha hecho con varios autores de libros relacionados con la materia, que en ese momento usted ha estado explicando.

Bueno, dijo el profesor, tu eres una persona inteligente y he notado que cuando te explico una materia, tú la absorbes extremadamente bien. Y cuando yo te he pedido que elabores en lo que te he explicado, tu, al así hacerlo, me has ensenado otros enfoques y manera de ver las cosas que yo desconocía.

¡Me estoy poniendo rojo profesor!, dijo el estudiante visiblemente alegre. Creo no merezco su elogio, pero le doy las gracias por la forma de hacerme sentir bien.

Bueno dijo el profesor, es correcto que te sientas bien pero debes de saber que mi evaluación de ti no lo hago para que te sientas bien. Tómalo como la nota o la evaluación que el profesor te da por tu labor de asimilación extraordinaria y acto seguido, a manera de retornar al tema, el profesor le pregunto al joven que fuera más específico en relación a su preocupación.

Bueno dijo el estudiante, en aquella ocasión usted cito la frase bíblica de "toca y se te abrirán las puertas o pide y se te os dará"

Correcto contesto el profesor., me recuerdo perfectamente.

Entonces profesor, dijo el estudiante, ¿podría usted explicar cuál es la mecánica envuelta en eso de "pide y se te os dará"?

La realidad profesor, dijo el estudiante, es que yo he pedido muchas cosas y algunas las he tenido pero la inmensa mayoría, ni tan siquiera se han dejado ver. Entiendo yo, continuo el estudiante, que este asunto no es tan fácil como aparentemente da la impresión de ser. Lo que quisiera es que me explique con lujo de detalles porque el pedir para unos se da y para otros no.

Bien amigo estudiante, dijo el profesor, así lo hare. Pero antes de abordar este tema dime si tú crees en el significado de la frase "pide y se te os dará"

Bueno, contesto el estudiante, yo todo eso lo creo. Y es por eso, porque lo creo, que solo quiero saber la mecánica envuelta para que se materialice en mi vida lo que yo, desde ahora en adelante, pida.

El profesor con una sonrisa en los labios que trataba de disimular se quedó fijamente mirando a su interlocutor y dirigiéndose a él sin despegar la mirada de sus ojos, le pregunto si podía informarle lo que el haría si supiera la mecánica envuelta.

El estudiante, también con una sonrisa en los labios que, al igual que el profesor, no podía ocultar, le contesto que el problema no sería que el haría, si no, que él no dejaría de hacer a si supiera la mecánica envuelta.

Ambos volvieron a reírse a carcajadas como hicieron ya en varias ocasiones. Estuvieron riéndose por un tiempo mirándose a la cara mutuamente sin dejar de reírse. La risa era copiosa y la misma se extendió por varios minutos.

Mientras se reían, se miraban entre sí como si en esa risa, acompañada de sus respectivas miradas, se estaban también comunicando algo, o por lo menos el uno sabía que el otro entendía perfectamente el poder espiritual que tendría una persona que llegase a conocer la mecánica envuelta en este conocimiento y realizara los tres pasos correctamente. Al terminar de reírse el estudiante le pregunto al profesor si esa risa tan copiosa podía considerarse como "bliss" a lo que el profesor le contesto con un redundante "no"

Nuestra risa ha sido por algo. Y tanto tú como yo sabemos el motivo de esta risa.

El bliss, ya te dije, se da cuando uno se ríe sin ninguna razón para ello. Hoy en día solo los infantes o los "babies" pueden hacerlo.

Cuando al fin calmaron su risa, el profesor le dijo a su estudiante que se posicionara en línea para recibir la información que le pedía y que con ella tendría un mecanismo poderoso. Pero eso sí, continúo el profesor, al usarlo debes actuar con divinidad. O sea, lo usaras para tu bien y para el bien de los tuyos.

¿Comprendes?, dijo el profesor, y el estudiante le contesto que comprendía.

Luego el profesor le dijo al estudiante que el tema en cuestión era uno muy profundo. Pero que antes de abordar tan interesante tema, deseaba que él le explicara cuál era su preocupación detrás de tan delicado tópico.

Vera usted profesor, hay tantas personas en este mundo que honestamente y con mucha fe piden y nunca el universo les concede lo que con tanta devoción y buena fe necesitan.

En cambio, continúo el estudiante, otros que quizás sin mucha devoción y hasta de mal proceder o de dudosa reputación, piden y sus deseos son inmediatamente concedidos. Me resulta problemático, continuo el estudiante, pensar que Dios no cumple lo que promete, que es injusto con unos y magnánimo y extremadamente complaciente con otros.

Pensar que esto es así, dijo el estudiante, es creer que Dios premia muchas veces a los malos y no valoriza las acciones buenas de aquellas personas que de buena fe y bien intencionadas piden, y Dios no les concede nada.

Mientras el joven estudiante expresaba el motivo de su preocupación, noto que el profesor continuaba con su sonrisa a flor de labios. Mirándolo sin apartar la mirada de encima, como quien no quiere perderse ni un ápice del comportamiento que estaba demostrando el estudiante en su lamentación.

Esa sonrisa disimulada en la persona del profesor no era por pura casualidad, pensó el estudiante. Y como creía conocerlo bien, se preparó para contestar cualquier pregunta capciosa que de seguro él le preguntaría.

Y así fue, tan pronto el joven termino su ponencia el profesor le pregunto al joven como él podía decir que creía en la frase bíblica: "pide y se te os dará" y que solo le interesaba la mecánica envuelta.

Bueno, contesto el estudiante, yo creo en Dios, siempre he creído en un ser supremo. Tengo que creer en la disciplina cristiana. Entiendo yo, continuo el joven explicando, que cuando pedimos y no se nos contesta nuestro pedido es por algo que no hacemos o si lo hacemos, no lo hacemos correctamente.

Yo entiendo, continuo en joven, que si personas del bajo mundo piden y se les da lo que piden mientras personas buenas piden y no se les da lo que desean, es por una razón que nada tiene que ver con el pecado o con el comportamiento bueno o malo del ser humano.

Yo sé de personas que no me parecen tan creyentes y constantemente piden y el universo inmediatamente le concede su pedido en forma altamente extraordinaria.

El profesor permaneció observando y escuchando al joven estudiante sin interrumpirlo y hasta lo incito a que continuara su queja, por así decirlo. A lo que el estudiante continúo.

A veces yo pienso, dijo el estudiante, que este asunto de pedir y esperar por el resultado de nuestro pedido se asemeja a cuando estamos nosotros los estudiantes preparándonos intensamente para un examen. Y al final de cuentas, luego del gran estudio no aprobamos el examen. Y si lo aprobamos, el resultado obtenido no ha sido el que se esperaba.

En cambio, otros estudiantes, quizás con menos conocimiento en la materia, solo emplean corto tiempo es sus estudios y sin esforzarse mucho van, toman el examen, y lo aprueban con una puntuación extraordinaria.

Y así creo que pasa con el asunto este de, "pide y se te os dará". Si pedimos y no logramos el pedido esto se debe a que algo no estamos haciendo bien. Por eso, dijo el estudiante al profesor, le pido encarecidamente y con todo el respeto que usted se merece que haga honor a mi pedido sobre la mecánica envuelta en la promesa de nuestro señor Jesucristo.

Bien, dijo el profesor mostrando otra vez la sonrisa en sus labios. Pasare a contestarte tu pedido pero presta mucha atención en lo que te voy a disertar. Lo que te voy a decir es muy sencillo de explicar pero hay mucho de sublime y profundo en este conocimiento.

Cuando pedimos, estaremos dando el primer paso en el procedimiento. Notaras que ese pedido sale de nosotros de forma natural y sin complicación alguna.

Este primer paso es nuestro estado natural de pedir a Dios cuando algo necesitamos tener.

Y así, pedimos por nuestra salud, por motivos económicos. Pedimos por nuestra familia y por nuestros semejantes. También pedimos por el mundo entero. Por la paz mundial y por todo aquello que encontramos mal y deseamos reparar. La realidad es que inmediatamente que pedimos, en ese pedir mismo, está la respuesta positiva a nuestro pedido. Por eso se pide e inmediatamente el universo responde a nuestro pedido en forma extraordinaria. Y casi milagrosa.

Aquí el estudiante abruptamente interrumpió al profesor para preguntarle porque él dice que la forma como el universo responde a nuestro pedido es en forma extraordinaria y "casi milagrosa". En vez de decir plena y simplemente "milagrosa".

Bueno dijo el profesor. Para el universo, para Dios sus actos no son milagrosos. Los actos de Dios son sus actos. Todos sus actos son de igual valor. Solo para nosotros, los seres humanos, es que un acto puede resultarnos milagroso pero no para Dios, cuyos actos son todos de igual calidad y añadió, me parece que ya antes tocamos ese tema.

Bien, como te iba diciendo ese responder del universo constituye el segundo paso del procedimiento. Y es aquí, en ese segundo paso, que el universo te concederá tu pedido inmediatamente. Por eso debemos dar gracias a Dios inmediatamente que terminamos de expresar y pedir nuestro deseo. Es como decir, Dios mío concédeme tal cosa e inmediatamente damos las gracias a nuestro creador por haberlo concedido.

El estudiante permaneció quieto y pensativo por un breve instante y luego pregunto al profesor si era así de simple, la implementación de los primeros dos pasos de procedimiento envuelto en eso de "pide y se os dará"

El profesor le contesto que sí, que era así de simple.

El estudiante permaneció en silencio tratando de aceptar lo simple y sencillo de la explicación de su maestro. Luego de pasar un tiempo en silencio, el estudiante le pregunto al profesor que el entendía perfectamente su explicación hasta este punto.
Pero entendía que de nada vale pedir y el universo contestar inmediatamente nuestro pedido, si en la mayoría de los casos, nunca recibiremos el objeto de nuestro deseo.
Y añadió que eso era como si pidiéramos una orden por correo y la misma es inmediatamente despachada pero aún no la hemos recibido y hasta posiblemente nunca se reciba.

Correcto dijo el profesor, tu ejemplo aunque muy básico y sencillo ha sido bien claro y certero. Pero debes tener un poco de calma y continuar prestándome atención, porque solo te he explicado el primero y segundo paso. Pasemos ahora dijo el profesor, al tercer y último paso que es tan importante como los primeros dos ya explicados.

De pronto empezaron a caer unas pequeñas gotas de agua efecto del mal tiempo que se presentaba. El profesor le dijo al estudiante que tenía que marcharse y que continuaran con el tema el miércoles de la próxima semana.

Además, continuo el profesor, se está haciendo tarde y mi hija su esposo y sus tres niños me esperan esta tarde para cenar. Anticipo, continuo el profesor. Que si empieza a llover fuerte eso causara que llegue tarde a la cena, y no quiero dejarlos esperando.

El estudiante se sintió un tanto molesto por el hecho de que el profesor tenía que marcharse y dejar para más tarde la explicación del tercer paso. Y dirigiéndose al profesor le dijo que este era un buen ejemplo de algo que se pide, la explicación del tercer paso. Tal pedido es concedido pero no se recibe.

El profesor le contesto que ese ejemplo no es el indicado toda vez que él, no es el universo y su actuación de concederle o no su pedido no proviene del mundo espiritual donde el tiempo y el espacio no entran en juego.

Veras, dijo el profesor. En el plano material nosotros estamos afectados por el tiempo y el espacio. Y a mí, el que te tenía que conceder tu deseo de explicarte el tercer pasó, se le llego el tiempo o la hora de marcharse, y tengo que hacerlo.

En el caso de la frase bíblica "pide y se te os dará", estamos hablando de ejecutoria del universo mismo el cual se desarrollan en el ámbito astral, espiritual, en el cosmos.
Allí las cosas simplemente se dan, sin ser afectadas por el tiempo y el espacio.

Entonces profesor, dijo el estudiante, si el ámbito espiritual no es afectado por el tiempo ni por el espacio tenemos que asumir que no es cierto eso de que Dios hizo el mundo en siete días y el ultimo descaso. Debemos entender que Dios, si no estaba limitado por el tiempo ni el espacio, no había razón alguna para que él se tardara tantos días en crear la tierra, los planetas, el sol, el día, la noche, las plantas, los animales y al hombre.

Debemos pues entender, que todo eso lo hizo Dios con tan solo decir "hágase". Y ni tan siquiera tenía que transcurrir un lapso de tiempo alguno. La realidad es, continúo el estudiante, que Dios pudo hacer todo esto con tan solo pensarlo. Y así las cosas todo lo hizo en un "santiamén" y se acabó el evento. ¿No es así profesor? Indago el estudiante.

El profesor le pregunto ¿y tú, que crees?

Bueno, dijo el estudiante, yo creo que Dios creo al mundo sin ningunas limitaciones en el tiempo y por ende no se tardó lo que las sagradas escrituras dicen.

El profesor, mirando a su estudiante directamente a los ojos, le dijo que él estaba parcialmente de acuerdo con su análisis. Pero lo invito a entender el hecho de que si en Dios no hay limitación, ¿quiénes somos nosotros para decir que Dios estuvo limitado a solo hacer la creación en solo un día o en solo una fracción de un periodo de tiempo determinado? O en un santiamén, como dices tú, concluyo en profesos.

Por otro lado las santas escrituras explican para nosotros, los mortales que estamos afectados por el tiempo y el espacio. Pero tengo que darte crédito por la inquietud que has demostrado. Te invito a que sigas incursionándote en ese ámbito astral del cosmos. En ese lugar espiritual donde podemos llegar a estar en contacto con nuestro ser interior que es nuestro verdadero yo.

La única forma de lograr eso es mediante la meditación que ya te he explicado en conversaciones anteriores. Cuando tengas una oportunidad practícala. Eso te ayudara grandemente en tu diario vivir, en tu estudios y despertara en ti poco a poco toda la potencialidad que Dios te dio. Notaras que sin darte cuenta pondrás en práctica lo que sabes y veras maravillosamente el resultado deseado. Aprenderás a vivir una vida con más calidad y eso mismo ensenaras a tu prole, cuando te cases y tengas muchos hijos.

Y es precisamente de eso de lo que trata mi explicación sobre el tercer paso, dijo el profesor. Pero tengo que marcharme. La lluvia vendrá de un momento a otro. Mi hija me espera y como te dije no quiero dejarla esperando.

Ambos personajes se pusieron de pie y se despidieron con un fuerte apretón de mano y un similar abrazo, parecido al que se dan padre e hijos al despedirse cuando se separan por un largo periodo de tiempo, o al llegar de un largo viaje.

El profesor fue el primero en marcharse. Y como las esporádicas gotas de lluvia se detuvieron, el joven estudiante permaneció por un tiempo observando la fuente, que esta vez no estaba en operación, los ciento veinte y ocho (128) chorros de agua de la fuente. Luego, se fue caminando lento y pensativo. Pero no por mucho tiempo. La lluvia empezó a caer en forma rápida y abundante. Y tuvo que correr para no mojarse.

Alcanzo llegar a la entrada del viejo hotel que estaba ubicado a media esquina de la tradicional plaza de recreos. Justo a la derecha de la casa alcaldía. Allí se detuvo a protegerse de la lluvia. Allí pensó en el profesor. De seguro llegaría tarde y empapado de agua a la cita que tenía para cenar en casa de su hija Maritza, junto a su esposo y sus dos hijos.

Al final, luego de una hora, llego a su apartamento todo mojado. Se dio un baño caliente y se fue a la cama. Dejo vacilar su mente por un tiempo y luego se preguntó así mismo, como sería tener el poder de pedir al universo todo lo que deseemos, y que el pedido se materialice en nuestras vidas justo en el tiempo preciso he indicado. Aunque dudo por un momento esta posibilidad, recordó las enseñanzas del profesor referente a que "la duda y la fe son como hermanas y siempre van cogiditas de la mano".

Más tarde se armó de fe y pensó que Dios es todo poderoso, es fuente de abundancia plena y en el no hay limitación. Además, Dios no tiene por qué mentir diciéndonos que podemos pedir y nuestros deseos nos serán concedidos. Por otro lado el profesor siempre me ha enfatizado que todo lo que él me está diciendo y yo acepte y forme parte de mi conocimiento, debe ser puesto en práctica inmediatamente y que yo vea por mí mismo los resultados.

Pienso que si el profesor mismo me dice que ponga en práctica rápidamente el nuevo conocimiento adquirido es porque hay mucha seguridad de su parte en todo lo que me dice y debo hacerle caso. Y añadió, y lo estoy haciendo . . . y se me está dando.

Desde que estoy teniendo estas charlas con el profesor, pensó el estudiante, he aprendido muchas cosas que para mí creo siempre han estado en mí, solo que yo no me daba cuenta que las poseía. También noto que puedo estudiar con más ahínco y facilidad, he incrementado mis notas, me siento más feliz, con más energía espiritual. Mi fe en Dios está más clara. Y entiendo que puedo incursionarme en lo desconocido sin miedo alguno.

Luego se le dibujo una sonrisa de alegría en los labios y dijo para sí que estaba ansioso de que llegue el próximo encuentro con el profesor para que le explique de una vez y para siempre, el tercer paso del asunto que estamos tratando de "pide y se te os dará".

Cuando aprenda bien la mecánica envuelta en la frase bíblica de "pide y se te os dará" empezare a ponerla en práctica, una y otra vez. Estoy seguro de que lo que pida, si pongo todas las fibras de mi deseo e intención en el pedido, se me dará.

La realidad es que casi todo lo que le pido a Dios, el me lo concede. Otras veces mi pedido no me llega, no se me da. Entiendo que cuando no se me da mi pedido es por algo que no estoy haciendo bien. Sera que no me posiciono correctamente o me salgo sin querer de la línea apropiada para recibirlo. Sea lo que sea, pensó el estudiante, lo llegare a aprender.

Más tarde saco sus libros y se puso a estudiar lo correspondiente a las clases que tenía mañana en el colegio.

Duodécimo Encuentro

Financial Bank

Eran como las cuatro y cuarto de la tarde cuando el joven estudiante llego a las inmediaciones de la plaza de recreos del pueblo. Se paró frente al edificio de la casa alcaldía y desde allí pudo notar que el banco favorito, donde acostumbraba realizar las pláticas con el profesor, estaba desocupado. El maestro no había llegado y decidió caminar un poco alrededor de la plaza de recreos para consumir tiempo y dar espacio al profesor a llegar.

Paso frente al carro de piraguas, que casi siempre estaba estacionado en una de las esquinas de la plaza. Precisamente frente al famoso e histórico banco financiero. Esto lo llevo a apreciar lo bonito de este pueblo donde ya casi lo consideraba como suyo. Recordó que recientemente había leído que los nacidos en este pueblo son muy orgullosos de su ciudad al extremo que la llaman "la cuidad señorial," por su bien merecido esplendor, porte y distinción.

De este pueblo se dice que nació la plena, la danza y música buena. La danza, particularmente, es un género musical muy aceptado y cantado en muchas partes del mundo. De este pueblo se dice es cuna de mujeres bellas, grandes deportistas y artistas. Especialmente músicos y cantantes que han alcanzado glorias para la isla madre, que vio nacer este pueblo hace muchos años atrás.

Finalmente de esta "ciudad" se dice que si usted la visita y alguien llegase a estrechar su mano," lo hará sentir feliz". Y yo lo creo, dijo para si el estudiante, porque aquí, en este pueblo, he conocido muchos amigos sinceros, cooperadores y desprendidos de los cuales me han enseñado mucho y me han hecho "sentir feliz".

Después se aproximó al piragüero, el señor que vende las piraguas, y le pidió que le sirviera una de frambuesa y tamarindo. Cuando la tuvo en sus manos pudo percatarse que ya el profesor había llegado y estaba sentado en su banco predilecto. Aquel frente a la majestuosa fuente de agua adornada con las cuatro figuras bronceadas de los leones.

Noto que la fuente no estaba encendida. El día estaba casi nublado pero el sol de vez en cuando brillaba, haciendo la tarde fresca y sumamente agradable.

Emprendió su caminar lentamente hacia el profesor para agotar así el tiempo y consumir la piragua que había comprado. No quería llegar al profesor con una sola piragua en sus manos. Al pasar por uno de los recipientes de echar desperdicios, tiro allí lo que le quedaba de su sabrosa piragua, y acelero el paso hacia el profesor.

De seguro lo estaba esperando para reanudar la plática referente a la mecánica del tercer paso de la frase bíblica, "pide y se te os dará".

Al llegar ante la presencia del profesor, este se puso de pie, saludó efusivamente al estudiante con un buen apretón de mano seguido de un fuerte abrazo paternal y acto seguido se pusieron hablar.

A manera de romper el hielo el profesor le comento al estudiante que había notado que el venia saboreando una piragua, pero que ahora ve que no trae la piragua en la mano.

El estudiante le contesto que había tirado parte de ella porque solo compro una sola y no sabía si el profesor gustaba de las piraguas, o si por el contrario, por la cantidad de azúcar en su elaboración, no la consumía.

Al contrario, dijo el profesor, gracias a Dios no tengo ningún padecimiento, que yo sepa. Las piraguas me gustan y siempre que tengo la oportunidad me obsequio una de frambuesa y tamarindo.

Bueno, después de todo, usted se ve saludable y no parece tener ningún padecimiento, dijo el estudiante.

El profesor le contesto que de vez en cuando parece enfermarse pero emplea sus conocimientos holísticos y la potencialidad que Dios nos dio, para prevenir las enfermedades antes de que nos afecten. Aun así, continuo el profesor, en ocasiones he tenido que ir al doctor y en otras al hospital. Pero luego de exámenes variados resulta que nada malo encuentran, y regreso a casa sano y salvo.

La realidad es que siempre me mantengo bien alejado de los doctores, dijo el profesor.
Es en la oficina del doctor y en los hospitales donde uno está más expuesto a enfermedades que no tenías al llegar a esos lugares.

Pero eso es "arena de otro costal", dijo el profesor. Y acto seguido le pregunto a su estudiante que le recordara el tema que estaban tratando el día anterior y el joven empezó a explicarle.

Usted profesor, estaba explicando la mecánica envuelta en la frase bíblica "pide y se te os dará". Usted dijo que la misma se componía de tres pasos. El primero consiste en la actuación nuestra de "pedir" y el segundo paso le correspondería al universo de conceder inmediatamente y casi milagrosamente el pedido. Luego vendría el tercer paso, donde nos tocaría a nosotros hacer algo para poder recibirlo. Ya que según dijo usted, "el universo ya concedió lo pedido y ya viene de camino".

Muy bien resumido, dijo el profesor. Y añadió, ahora presta atención a ciertas leyes que nuestro creador puso en el universo para que sean consideradas por nosotros. Te toca a ti conocerlas. Ponerlas en práctica inmediatamente para que puedas despertar esa facultad y poder que tienes dormido en tu interior, dijo el profesor.

Usaras de tu poder y facultades en forma plena pero con la única limitación de que solo la usaras para tu propio bien y el bien de la humanidad. No la usaras para causar daño a nadie y debes siempre tener presente que a mayor potencialidad mayor será tu responsabilidad para con tus semejantes. Infracciones a las leyes puestas ahí por el universo tienen graves y profundas consecuencias. Es aquí donde entra en juego la ley del "karma". La ley del karma trata sobre que toda causa genera un efecto correspondiente.

Te explico esto, dijo el maestro, porque es mi responsabilidad decírtelo. Y cuando tú les ensenes tus conocimientos a otros debe tú siempre hacer esta salvedad. Si no cumplimos con nuestra responsabilidad y enseñamos indiscriminadamente a otros sin hacer las advertencias, es posible que seamos nosotros también responsables por lo malo que con el conocimiento enseñado, causen esas otras personas.

El estudiante, que había permanecido en silencio escuchando atentamente al profesor, interrumpió para preguntar al maestro por qué uno tiene que responsabilizarse por lo malo que hagan otros, con el conocimiento que voluntariamente y bien intencionado damos a ellos. ¿No sería esto una ley injusta? Preguntó el estudiante.

El maestro le contesto con un rotundo "no". Y añadió que las leyes del universo no son injustas. Solo nosotros, los hombres y las mujeres, hacemos leyes injustas.

Como te dije, el universo tiene sus leyes. Nos toca a nosotros conocerlas tal y como en el plano material conocemos las leyes de tránsito, las leyes de procedimiento civil y criminal, las leyes fiscales y toda esa otras leyes y preceptos que nuestra legislatura pone en acta para regir la conducta de sus súbditos. Así mismo el universo tiene sus leyes. Compete a nosotros estudiarlas, practicarlas y usarlas bien.

Luego de esta salvedad, dijo el profesor, continuare con el tema que está sobre la mesa. Y así lo hizo.

Cuando nosotros necesitamos algo, dijo el profesor, rápidamente se crea la intención y el deseo de tenerla. Cuando esto se da, entra en juego la "ley del deseo e intención". Siempre que tenemos el deseo de algo y la intención de tener ese algo, se presentara una corriente de energía e información capaz de organizar ese deseo e intención que creara la cosa deseada, poniéndola a nuestra disposición.

Ya en anteriores conversaciones te he dicho que todo es energía e información. Y experimentamos esa energía e información objetivamente en el plano material y subjetivamente en el plano espiritual.

Nuestra entidad humana posee ambos planos. Y así decimos que cuando experimentamos esa energía e información en plano material estamos hablando de nuestro cuerpo físico.

Por otro lado, cuando hablamos de experimentar en el plano espiritual, se manifiesta en nuestras ideas, nuestros pensamientos, nuestros deseos, y en nuestros sentimientos.

Con tu intención has transformado tu deseo en la cosa objeto de tu deseo y la misma ya ha sido concedida y está ahí esperando que la recibas.

Profesor, dijo el estudiante, esto me tiene muy impaciente. Mientras usted me está explicando su cátedra, yo he ido recordando las tantas veces que yo he deseado algo, a lo cual seguramente le he puesto la intención esa de la cual usted habla, pero en la mayoría de los casos nunca la recibo.

Lo que yo quiero saber es por qué no me llega lo que pido, volvió a preguntar el estudiante.

"Estas muy acelerado," le dijo el profesor al estudiante. Si no fuera porque creo conocerte, diría que tu estas más interesado en el paquete que has pedido, que en la mecánica envuelta en recibirlo. Y si te atas al objeto deseado y no a la forma de obtenerlo, nunca tendrás el pedido que ordenaste. El deseo solo, no es tan fuerte. Es necesario que unas el deseo a la intención para que se cree la corriente de energía e información, capaz de crear el objeto deseado y el mismo se realice en el plano físico o material donde tú deseaste que se te logre. Sigue prestándome la atención que hasta ahora sé que me has dispensado. Ten paciencia. Como te dije, esto es muy importante y no debes desesperarte.

Otra de las leyes del universo es la que denominaremos la ley de la separación o retracto, dijo el maestro. Esta ley trata sobre que, una vez se cree el objeto deseado mediante el deseo y la intención, es absolutamente necesario separar la mente del resultado. Al así hacerlo estaremos abriéndonos al recibo de lo que hemos pedido y en el análisis final, lo recibiremos.

Esto es así porque si nos mantenemos pensando en el objeto pedido estaríamos demostrando un estado de inseguridad, cosa que no es saludable para obtener el propósito deseado.

Correcto profesor, dijo el estudiante. Y añadió, recuerdo que usted dijo que no debemos pensar o quedarnos atascados al motivo o razón de nuestro pedido. Y así por ejemplo, debemos entender que si pedimos tener un auto nuevo, porque el que tenemos esta viejo o destartalado, no debemos permanecer por más tiempo concentrados en el auto viejo que dio motivo a desear uno nuevo.

Correcto, dijo el profesor y añadió, tampoco debemos concentrarnos ni en el carro nuevo que hemos pedido, que dicho sea de paso hemos creado mediante el deseo y la intención, y que ya el universo concedió y está allí, esperando para que nosotros facilitemos su llegada.

Entonces, interrumpió el estudiante, dice usted profesor que no tan solo tenemos que dejar de pensar en el motivo de pedir el auto nuevo sino que también tenemos que dejar de pensar en cuando llegara el auto nuevo objeto de nuestro pedido.

Correcto, contesto el profesor.

Entonces profesor, dijo el estudiante. Si lo que queremos es que se nos quite el dolor de una pierna, tenemos que luego olvidarnos, no tan solo del dolor sino que también de la pierna misma.

¡No chico!, no es eso lo que te estoy diciendo, contesto el profesor un tanto molesto. La pierna nada tiene que ver con esto. Lo que en el ejemplo anterior presentaste se refiere al dolor y a que se elimine el dolor. En ese caso tendrías que dejar de pensar en el dolor y en que se te quite el mismo.

Como vez, añadió el maestro, la pierna nada tiene que ver en el pedido de tu ejemplo anterior. Tú ejemplo, simple y llanamente, habla del dolor y que se te quite el mismo.

Tu pierna adolorida, y no tu pierna sola, es solo el motivo de tu pedido. Y de igual forma el carro viejo es la razón de pedir el auto nuevo. Una vez se pide trayendo el deseo y la intención inmediatamente debemos desligarnos del resultado deseado y también del motivo de lo deseado. Y así, continuo el maestro, lo que haremos es desprendernos del atadura que tenemos con el objeto deseado.

Profesor, dijo el estudiante, una de las cosas que más el ser humano pide es tener dinero. Y constantemente pide a Dios el pegarse en la lotería, en el bingo y en tener todo aquello que representa dinero.

Correcto, dijo el profesor, pero como el pobre siempre está pensando en tener dinero vemos que el pobre, en la mayoría de los casos, sigue siendo pobre hasta que se muera.

Por otro lado, continúo el profesor, el rico nunca se preocupa por tener dinero y por consiguiente siempre lo tiene.

Al pedir dinero no podemos seguir pensando en el dinero. Tampoco debemos pensar la razón por lo cual se desea tener dinero. Estas son precisamente las dos cosas de las que al pedir, tenemos que inmediatamente desligarnos, para poder abrirnos y recibir el dinero pedido.

Dígame profesor, pregunto el estudiante, ¿cómo podemos nosotros olvidarnos o desligarnos completamente de esas dos cosas, así porque si?

Buena pregunta, contesto el profesor. Y añadió que eso lo podemos lograr obteniendo el conocimiento adecuado y rápidamente ponerlo en práctica hasta perfeccionarlo de forma que cada vez se nos haga más fácil el recibo de nuestro pedido.

Sobre lo que me preguntas de si en difícil lograrlo, te diré que todo está basado en el conocimiento.

Si profesor, dijo el estudiante, yo sé que todo se basa en el conocimiento. Pero yo creo que usted me debe dar información referente a otros conceptos, para poder yo aceptar esta mecánica más claramente. La verdad es que yo no quiero ofenderlo. Tampoco quiero parecerle un tanto incrédulo. Mucho menos quiero aceptar algo así porque si y luego, irme a mi casa sin haber aprendido nada, simplemente por no preguntar.

Eso debe ser así, riposto el profesor, y añadió, ya te dije que preguntaras cuando no entendieras algo. Ya sabes que no hay satisfacción más agradable para un maestro que saber que sus estudiantes se interesan por conocer, y en el análisis final, aprenden.

Por otro lado yo sé que este tema no es tan fácil de asimilar pero afortunadamente también te dije que es fácil de explicar. Solo que por ser tan fácil su explicación uno puede pensar que lo entiende sin realmente entenderlo totalmente. Y eso parece ser lo que está pasando aquí.

Voy a cubrir ciertos conceptos básicos que te irán llevando poco a poco a la comprensión de tan interesante tema, dijo el profesor. Debes de saber que hay un vasto campo de abundancia creado por Dios donde podemos ir y pedir todo lo que se nos antoje. Al pedir lo deseado no tenemos que pensar en que si pedimos mucho dejaremos a alguien sin nada ya que este campo es Dios mismo. Es bien sabido que Dios es toda abundancia y en el no hay limitación alguna. Pensar diferente sería un agravio.

Este campo de abundancia plena no se puede llegar a él meramente con el pensamiento toda vez que por definición este campo de abundancia está más allá del pensamiento mismo. Hay que sentirlo y vivirlo. De la única forma de tu llegar a él es por ti mismo al tu ponerlo en práctica. Presta mucha atención a lo que te estoy explicando y lee el mensaje que te quiero dar, más allá de lo que dicen mis palabras.

Esto es así porque yo no puedo efectivamente explicártelo usando mi lenguaje hablado. Tampoco puede el sacerdote o ministro llevarte a él por medio de su palabra. Tienes tú que entrar tú mismo a ese campo de pura potencialidad por tus mismas ejecutorias.

Como nadie te lo puede enseñar, este conocimiento ha de ser intimo tuyo. Obtendrás este conocimiento cuando le pongas plena atención. Tu atención hará que este campo de pura potencialidad se actualice ante tu presencia. Lo que te quiero decir es que este campo vendrá a existir para ti y para nadie más, cuando tú le pongas plena atención.

Al ponerle tu atención a este campo de pura potencialidad lo estarás observando y al así hacerlo cobrara vida para ti. Y se materializara en tu vida. Por otro lado, cuando le apartes tu atención y dejes de observarlo, desaparecerá de tu presencia.

Deepack Chopra en su libro, *Creating Affluence*, nos dice que "toda creación material no es nada sino la que experimentamos personalmente a traves de las diferentes cualidades de nuestra propia atención puesta el ello".

Y así las cosas, si nuestra atención es fragmentada así también estaremos fragmentados. Pero si nuestra atención es puesta en el todo, en la totalidad, en lo perfecto, en lo intacto, o en lo grande, así de completos y de grandes seremos.

Deepack Chopra, citando a The Vedic, nos dice que "have your attention on what is and see its fullness in everywhere". De forma que si ponemos la atención en la cosa objeto del deseo, veremos su cumplimiento total, no fragmentado, donde lo deseaste tener.

Es necesario llegar al campo de pura potencialidad mediante el conocimiento práctico hecho por nosotros mismos. Nadie nos puede coger de la mano y llevarnos a él.

Y ese campo de pura potencialidad de donde tomaremos todo lo que necesitamos profesor, ¿Dónde está, como es ese lugar? Pregunto el estudiante no muy seguro de lo que estaba preguntando.

Ese campo es la mente misma de Dios. Por eso es un campo de pura potencialidad y de todas posibilidades, dijo el profesor.

Entonces profesor, dijo el estudiante, si ese campo es la mente misma de Dios ¿tendríamos que entrar en la mente de Dios para llegar a el?

Muy inteligente pregunta, contesto el maestro. Has formulado una gran pregunta mi querido estudiante. Albert Einstein una vez dijo que lo único que él quería saber era en lo que Dios estaba pensando y que el resto "eran solo detalles". Siento decirte, dijo el profesor, que es nuestra propia naturaleza el conocer este campo de pura potencialidad. Un campo donde nuestros deseo será realizado y donde se materializara en nuestra vida todo lo que deseemos.

Entiendo profesor que la contestación a mi pregunta es en la afirmativa. O sea que para llegar a ese campo tenemos que entrar en la mente misma de Dios, dijo el estudiante. Y añadió, que si está en la mente misma de Dios también ese campo está dentro de cada uno de nosotros, ¿no es así profesor?

Correcto, dijo el maestro, este campo de pura potencialidad está también en nosotros mismos. Es por eso que decimos que no tenemos que buscar a Dios fuera de nosotros. Podemos conocer a Dios, conociéndonos a nosotros mismos y para eso tenemos que adentrarnos dentro de nuestro yo interior, y allí sentir a Dios en todo su esplendor.

Pero eso no lo puedo yo hacer por ti, dijo el profesor. Tú mismo tienes que llegar a ello. Tú mismo tienes que vivirlo y tener la experiencia directa.

Deepack Chopra nos dice que la única forma de lograr esto es a través de la meditación.

Por eso, mi querido estudiante, debes aprender y practicar el meditar.

Cuando meditamos nos entramos más y más dentro del campo de pura potencialidad y nos unificamos con este campo de pura conciencia.

El estudiante permaneció silencioso por unos minutos. Luego le comunico al profesor que este nuevo material estaba bien elevado y requería más concentración de su persona. Tal parece que tenemos que meditar casi todos los días. Al así hacerlo podemos perfeccionarnos más y más en esa área a fin de unificarnos más con Dios, ¿no es así profesor?

Estas en la correcto, dijo el profesor. Pero debes recordar que es la calidad de la meditación lo que cuenta. No es necesario meditar todos los días, aunque sería formidable poder hacerlo. Lo que es bueno y está de más no daña.

Yo medito casi todos los días profesor, dijo el estudiante y debo decirle que los beneficios obtenidos por la práctica de la meditación, no se puede articular con palabras.

A demás, dijo el estudiante, cuando yo trato de explicar los efectos de la meditación a mis amigos, ellos parecen no creerme. Hasta uno de mis amigos, dijo el estudiante, llego a decirme que cuando yo hablo de la meditación, lo hago creyéndome que yo soy "la meditación en sí misma".

Te entiendo, dijo el profesor, y añadió, lo que te está pasando a ti es que te estas adentrando perfectamente en este asunto y con suma facilidad vas llegando a él. Y esto es así, dijo el profesor. Porque cuando uno medita se va adentrando más y más en ese campo unificado de potencialidad pura y hasta puede darse, el que nos unifiquemos con ese campo. Es por eso, dijo el profesor que tus amigos están notando que tú, al hablar de la meditación, "pareces ser la meditación misma".

Chopra citando la literatura The Vedic, nos dice, al referirse a la meditación y sus efectos, que "a medida que vamos comprendiendo las cualidades del campo unificado de pura potencialidad y entendemos sus valores, esos mismos valores son expresados en nuestro diario vivir y en toda nuestra actividad diaria".

Entonces profesor, dijo el estudiante. Tenemos que decir que la mecánica para que nuestro pedido llegue a nosotros, una vez el universo lo concede y lo pone a nuestra disposición, está supeditada en primer lugar, en el poder que tenga nuestro deseo e intención y en segundo lugar, en la fuerza que a este deseo e intención le ha dado nuestro conocimiento.

El profesor quedo muy contento con la definición o explicación presentada por el joven estudiante y acto seguido le pregunto si él estaba seguro de lo que había dicho.

El estudiante contesto que sí, que él estaba bien seguro de lo que decía y añadió que esto era así porque este conocimiento está basado en que existe un campo de pura potencialidad del cual podemos tener acceso mediante el deseo y la intención. Una vez tenemos ese conocimiento y estamos convencidos de que esto es así, nuestros actos y sus resultados estarán asegurados por ese conocimiento mismo.

Correcto, dijo el profesor, y acto seguido le pregunto a su estudiante si el sabia como llegar a ese campo.

El estudiante le contesto que para llegar a ese campo lo haremos con el conocimiento de lo desconocido. Pero, nos será más fácil, a través de la meditación.

Muy bien, dijo el profesor a su estudiante, y acto seguido le pregunto qué abundara más en la materia y el estudiante así lo hizo.

Mediante la meditación, continuo el joven estudiante, podemos encontrarnos frente a frente con nuestro yo interior, que no es otra cosa que la extensión del universo y tal como dijo usted profesor, "el universo no es otra cosa que Dios mismo".

Correcto, dijo el profesor. Y añadió, pero yo no lo he dicho. Eres tu quien lo dices.

Ok. Pero, ¿es así profesor? Volvió a insistir el estudiante. Y el profesor asintió con la cabeza.

Y aunque posiblemente usted no lo haya dicho, nosotros somos una extensión del universo, se expresó otra vez el estudiante.

Correcto, contesto el profesor.

Y por ende, también somos una extensión de Dios, dijo el estudiante.

Y el profesor también le contesto que sí, que nosotros somos una extensión de Dios.

Entonces, dijo el estudiante, eso nos trae a concluir que nosotros somos Dios, volvió a expresarse el estudiante.

Y el profesor le contesto que ya en anteriores conversaciones él había hecho esa misma pregunta y que él le daría la misma respuesta de que: Nosotros no somos Dios. Y añadió,
"Nosotros conoceremos que somos Dios tan pronto entendamos que no lo somos".

Bueno profesor, dijo el estudiante, su contestación parece un juego de palabras.

¿Cómo es posible decir que una vez entendamos que no somos Dios comprendemos que somos Dios?

El profesor le contesto que eso no era un juego de palabras si no un juego de conceptos.

Y acto seguido le dijo; juega con estos conceptos. Cabildea con ellos y conceptualízate.

Y dicho esto, el profesor se puso de pie y le dijo al estudiante que tenía que marcharse porque su hija le esperaba en la tarde para cenar temprano, ya que esta noche estaba programado para ir al cine con ella y sus nietos.

Al estudiante pareció no gustarle que el profesor se marchara, justamente cuando se estaba en el pináculo de la conversación tan importante, y no perdió tiempo en hacérselo saber al profesor.

Y así las cosas, el estudiante le dijo al profesor que con todo el respeto que él se merecía, él había notado que cuando la conversación de un tema estaba en el tope de la discusión, él siempre decía que tenía que partir, dando por terminada la discusión del tema.

El profesor, mirando fijamente a los ojos del estudiante y mostrando una sonrisa picarona, le comunico al joven que él estaba en lo correcto. Me alegro, añadió el profesor, que lo hayas notado. Es correcto que algunas veces, no todas, pero algunas veces yo termino la conversación del tema cuando el mismo está en el pico más alto de la discusión. Pero eso se debe, continuo el profesor, a que es en ese momento que tienes que analizar por ti mismo lo que sigue, sin más ayuda mía. Es en ese momento donde yo decido que te he llevado hasta "alumbrar de mis pensamientos" y te toca a ti encontrar la contestación por ti mismo, dijo el maestro.

Sobre esto podemos discutir más tarde, dijo el maestro, ahora permíteme que me marche ya que mi hija, en verdad, me espera. Luego continuamos con el mismo tema, si es que así lo deseas, dijo el profesor.

Nuestros personajes se despidieron con un fuerte abrazo y varias palmadas en los hombros seguido de una agradable sonrisa representativa de que todo parecía en orden, bien aceptado y completamente entendido.

El profesor fue el primero en marcharse. El joven estudiante permaneció en el banco, mirando al su maestro mientras cruzaba la calle frente al parque de bomberos. En esa calle, pasaría por la escuela superior a la derecha y a su derecha también doblaría al llagar a la próxima esquina. Y en esa calle estaba su residencia.

A pesar de que permanecía sentado en aquel banco tan especial, el estudiante camino "mentalmente" junto al profesor. Al así hacerlo, se sintió como si lo estaba acompañando para que nada le sucediera en el camino. Miro su reloj repetidas veces y cuando pasaron veinte minutos, entendió que el profesor había llegado a su casa.

Como ahora se encontraba solo se movió hacia el centro y extendió sus brazos a lo largo del banco. Para sorpresa se encontró con el llavero del profesor que aparentemente había olvidado. El llavero solo contenía dos de las tres llaves antes mencionadas. Noto que la llave que faltaba era precisamente la de la puerta principal del apartamento del profesor.

La llave azul, aquella que una vez tomo en sus manos para ayudar al profesor abrir su puerta.

Pensó que no tenía caso preocuparse por llevarle la llave al maestro porque él no necesitaba la llave del portón para tener acceso al patio y además, el llavero no contenía la llave de su apartamento. Entonces pensó que como deseaba conocer a la hija del profesor, el universo estaba cooperando con él. Ahora usaría el llavero de excusa para visitar a Maritza y al entregárselas personalmente, conocería más del profesor.

También pensó en eso que le dijo el profesor referente a que "entenderemos que somos Dios cuando comprendamos que no lo somos" o algo así por el estilo, dijo el estudiante para sí.

Al cabo de un rato se puso de pie, tomo el llavero entre sus manos y se marchó. Pasándose el llavero de una mano a otra. Exactamente como acostumbraba hacerlo el profesor.

Decimotercer Encuentro

Puesto de Helados

El siguiente encuentro entre nuestros actores tuvo lugar en el mismo banco frente a la famosa fuente de agua a la derecha de la iglesia, La Catedral. Por alguna razón inexplicable hacia un frio espectacular. Eran como las cinco de la tarde.

Ese día el puesto de los helados no dio frutos. Usualmente la fila para comprar helados a esta hora de la tarde era extensamente larga. Hoy, debido a la baja temperatura, casi no se veía a nadie comprando ni consumiendo los deliciosos helados. Con excepción de algunos turistas que para ellos, acostumbrados al verdadero frio del norte, posiblemente lo que sentían era nuestro calor tropical.

Cuando el joven estudiante llego, ya el profesor estaba esperándolo. La fuente no estaba funcionando. Ambos, el profesor y el estudiante vieron con buenos ojos el que la fuente estuviera apagada. Ya que con el frio que hacia no hubieran podido estar sentados tan próximo a esta.

El estudiante inicio la conversación de ese día diciéndole al profesor, que en la plática anterior, él había olvidado su llavero en el banco donde estaban sentados. Hoy, él estaba haciéndole entrega del mismo.

Quería decirle profesor, que mientras tuve su llavero me encariñe mucho con esa llave antigua color oro desgastado, que dice usted es un recuerdo de su abuelo y solo tiene para usted un valor sentimental.

Bien, dijo el maestro. ¿Y qué quieres decirme con eso de que te encariñaste con mi llave?

El estudiante pensó un poco su contestación pero luego se aventuró y mirando fijamente a los ojos de su maestro le dijo:

Lo que quiero decirle profesor, es que simpatizo mucho con su llave. Si por casualidad usted piensa regalarla, espero que sea a mí que me la ofrezca. Y añadió, le aseguro que yo le daré el mismo valor sentimental que tiene para usted.

He inmediatamente, sin esperar contestación, le entrego el llavero a su maestro, diciéndole que con esa entrega el perdió las esperanzas de presentarse el mismo en casa de su hija, Maritza, para conocerla y hacerle entrega personal de su llavero.

El profesor se sonrió diciéndole a su estudiante que mantuviera la calma ya que él estaba planeando el día apropiado para extenderle una invitación a su casa, que tanto él esperaba.

(Note que el profesor nada le dijo referente a la propuesta del estudiante, de que le regalara la llave. El profesor solo abordo el tema referente a la invitación a su casa.)

Bueno, dijo el estudiante. Tengo mucho deseo de conocer a su familia. Así como también espero que esta vez pueda terminar de explicar el tercer paso envuelto en la frase bíblica de "pide y se os dará" Ya me indico usted profesor, que el tercer paso es de nuestra responsabilidad. Y esto es así porque nosotros tenemos que facilitar el poder recibir nuestro pedido que ya viene de camino. También dijo usted que hay veces que nosotros mismos bloqueamos con nuestras actuaciones el poder recibir nuestro deseo.

Es por eso, dijo el estudiante. Que uno no debe concentrarse en el motivo o causa por lo cual pedimos, o albergar sentimientos negativos, porque eso impide recibir nuestro pedido. Aunque creo profesor, dijo el estudiante, que resulta un tanto imposible hablar de lo positivo si no incluimos también lo negativo.

Muy acertada tu observación, dijo el profesor. Es por esto que cuando hablamos de algo que se desea es porque en la mayoría de las veces experimentamos algo que no deseamos o que nos hace falta. Y así cuando pedimos un auto nuevo es, en la mayoría de las veces, porque no tenemos el auto o el que tenemos ya está viejo.

Si, así es, dijo el estudiante. Pero yo sé de personas que tienen un auto viejito y constantemente piden un auto nuevo y el universo no se lo concede.

Correcto, dijo el profesor. Y de seguro también sabes de personas que tienen un auto nuevo y piden tener un segundo vehículo igualmente nuevo, y con suma facilidad y casi milagrosamente lo adquieren. ¿No es así mi querido estudiante? Pregunto el profesor.

Así es, contesto el estudiante. Y acto seguido pregunto al profesor si eso no era una acción injusta de parte del universo, para con aquellos que con igual necesidad o con una necesidad mayor, piden con mucha fe al creador, y no ven sus deseos realizados.

No, dijo el profesor. Ya hemos dicho que la causa de no recibir nuestros pedidos se debe únicamente a nuestro comportamiento. Por lo tanto, Dios o el universo no tienen nada que ver con esto.

El estudiante se quedó por un momento meditando sobre lo explicado por su profesor. Luego le pidió qué le explicara cómo podríamos ponernos en la posición o alineación correcta que él dice.

Bien, dijo el profesor, así lo hare . . .

Cuando tu pidas algo al universo solo debes concentrarte en lo pedido y nunca en la razón por lo cual lo pediste. Esto es así, porque si sacas tu atención de lo pedido y la pones en su razón o la causa del pedido, estarías saliéndote de la alineación que necesitas para dejar entrar a ti lo que has pedido. Por eso, debes dejar de continuar lamentando tu necesidad y dedícate a gozar el auto nuevo que tú pediste. Debes entender que ya se te concedió, ya fue despachado y viene de camino hacia ti. Para lograr eso debes tener fe en el proceso. Y saber que así es como funciona este asunto.

Si estas enfermo y pides por tu completa recuperación, concéntrate y empieza a gozar de tu completa recuperación, desde el momento mismo de tu pedido.

Bien profesor, eso lo entiendo perfectamente.

Ahora deseo me explique qué cosas son las que motivan el que yo me salga de la alineación o del lugar, o el momento, o de la situación adecuada para poder recibir mi auto nuevo. O se me quite el dolor de mis piernas, o me llegue la salud que con tanta fe, esperanza, y devoción, he pedido a mi Dios que me conceda.

Bien, dijo el profesor, Esther y Jerry Hichs en su libro, *Ask And It Is Given*, nos dicen que "no hay una fuente de enfermedades, pero usted puede entretener pensamientos que nulifiquen el flujo natural de la salud y bien estar". Esto quiere decir, mi querido amigo, que para poder dar pasó a que nuestro pedido llegue a nosotros, es necesario que pongamos esencial atención a nuestros sentimientos. Son tus emociones, la forma en que tú te sientas, lo que te mantendrá directamente alineado con el conceder de tu pedido por el universo.

Bueno profesor, dijo el estudiante, aquí tengo que interrumpirlo para decirle que estoy plenamente complacido con su explicación. Entiendo yo que para poder poner en práctica lo que me ha dicho tengo yo que repasar y analizar todo mi conocimiento adquirido y organizarlo de tal manera que cada "ficha" caiga en su lugar.

Correcto dijo el profesor, me alegro que entiendas bien. Y añadió, por un momento pensé que me ibas a decir que "esto es muy bonito para ser cierto" porque todo esto de lo desconocido, de las cosas astrales, del cosmos son bien bonitas. Y en la mayoría de las veces, son extraordinariamente inexplicables, pero son ciertas.

Debes recordar que estamos incursionándonos en el mundo astral, en el ámbito donde no estamos limitados por el tiempo ni el espacio. Allí las cosas, simplemente, suceden. Y eso nada tiene que ver con la lógica o con la correcta manera de pensar. Las leyes de Dios son siempre perfectas, bonitas, ciertas e incuestionables. Pensar de otra forma, seria estar equivocado.

Lo que tienes que hacer ahora, dijo el profesor es repasar la mecánica envuelta para inmediatamente ponerla en práctica y luego sentarte a ver los resultados. A medida que vayas experimentando estos resultados, habrá un cambio en tu manera de pensar. Estas cosas operan en nosotros y nadie se dará cuenta de ello. Solo tú sabrás que pusiste en práctica estos conceptos, y tú mismo veras los resultados.

Si tu optaras por compartir esta experiencia con tus amigos y contarles lo bueno que te está sucediendo, no debe molestarte si no te creen, o dicen que lo que te está sucediendo son puras coincidencias. Recuerda, dijo el profesor a su estudiante. Que es tu comunicación con Dios, con el universo la que tendrás. Y eso, mi querido estudiante, es lo que cuenta.

El joven se quedó en silencio por unos momentos absorbiendo el nuevo material. Como en otras situaciones, el profesor no le interrumpió.

Luego el maestro se puso de pie, le estrecho la mano a su estudiante y cariñosamente le dijo que como esta platica empezó un poco tarde, y como en este mundo material estamos afectados por el tiempo y el espacio, su tiempo se le había terminado.

Esto produjo una leve sonrisa en el joven estudiante que se puso de pie y se despidió, dándole un fuerte abrazo a su maestro y recordándole su deseo de conocer a su hija Maritza, y al resto de su adorable familia.

El profesor, moviendo la cabeza en forma de aceptación, le indico en voz baja a su estudiante que: "así será mi querido amigo, así será"

Y el estudiante, usando el mismo tono de voz baja, le riposto a su maestro, "eso espero profesor, eso mismo es lo que espero".

Decimocuarto Encuentro

Banco blanco con espaldar

El nuevo encuentro entre el joven estudiante y el profesor tuvo lugar en un banco distinto al que siempre habían estado. La fuente de la plaza estaba siendo reparada. Unas vallas de madera estaban colocadas alrededor de la fuente para evitar que el paso de peatones interrumpiera la labor de los obreros que realizaban las intervenciones.

Esta vez, el joven estudiante encontró al profesor en uno de los bancos frente al negocio de helados, ubicado al cruzar la calle frente al famoso parque de bomberos. Al encontrarse, se saludaron con un fuerte apretón de manos. Esta vez, no se dieron el abrazo correspondiente toda vez que el maestro estaba casi terminando la piragua de frambuesa y tamarindo que momentos antes había comprado, y sus manos estaban humedecidas por la misma.

El estudiante le comunico al maestro que ese día tendría que marcharse temprano. Hoy se disponía a estudiar con un grupo de amigos las notas del examen que tendría al día siguiente. También le confeso al profesor que había meditado por la mañana para facilitar así el estudio que tendría hoy con su grupo.

El profesor permaneció en silencio por un rato, dejando así que el joven estudiante seleccionara el tópico que abordarían. Y así fue, el estudiante tomo la iniciativa mencionándole al profesor que los otros días, cubrió el tema relacionado al tiempo y al espacio. Esto, continúo el estudiante, porque allí, las cosas simplemente, ocurren. Eso me hace pensar que en ese ámbito solo existe el ahora. O sea, el presente.

Pero, continúo el estudiante. En el ámbito material en que vivimos existe el pasado, el presente y el futuro. ¿No es así profesor?

No, no es así, dijo el profesor. El pasado y el futuro no existen. Solo existe el presente. Y añadió, ¿cuál es tu preocupación?

Mi preocupación profesor, dijo el estudiante, es que por más que lo intento me resulta imposible, no reconocer el pasado y el futuro y solo dar crédito al presente. Esto es, "el ahora". Entiendo yo profesor que no podríamos funcionar en el mundo material en que vivimos sin considerar el pasado y sin reconocer que es para el futuro donde trazamos nuestras metas, usando lo aprendido en el pasado. La realidad profesor es que cuando trazarnos nuestros planes para el tiempo futuro lo vemos como algo precioso . . .

Por consiguiente profesor, esto nos da el deseo de trabajar y luchar por lo que vemos como algo bueno que tendremos en el tiempo futuro. ¿No es así profesor? Inquirió nuevamente el joven estudiante.

No. No es así, contesto el profesor. La realidad es los conceptos futuro y pasado son solo una ilusión. El tiempo pasado y el tiempo futuro no son reales.

¿Cómo que no es real profesor? Pregunto el estudiante sorprendido.

No hijo, contesto el maestro. El pasado y el futuro no son reales. Lo único real es el presente, el ahora. Debes tratar de aceptar que el concepto que llamamos, "ahora" no es afectado por el factor tiempo. Él ahora es algo eterno. Siempre estamos en el ahora. Por eso decimos que el ayer no existe así como tampoco existe el mañana.

Bueno, dijo el estudiante. El ayer no existe hoy pero existió precisamente en el pasado. ¿No es así profesor? pregunto el estudiante.

No, no es así como debes entender estas cosas, contesto el profesor. Ese ayer del cual hablas, no existió en el pasado porque el pasado no existe. Nada puede darse en algo que no existe. Tampoco el pasado existe en el presente porque en el presente solo existe el ahora. Tampoco podemos decir que el ayer existe en el presente por la misma razón. En el presente solo existe el ahora.

Además, el pasado no existe y el futuro, que tampoco existe, no puede coexistir a la misma vez. Simple y llanamente, porque no son reales.

Lo único que podríamos pensar es que ese presente del cual te hablo se "esfumo" tan pronto le adjudicamos el factor tiempo. Pero pensar así sería un disparate mayúsculo porque una cosa que es constante y eterna, no puede ni tan siquiera esfumarse..

Bueno profesor, dijo el estudiante. ¿Podría usted darme una idea sobre cómo poder entender mejor este asunto? Le pido esto profesor, porque me resulta un tanto difícil pensar que solo existe "el ahora."

Claro que podría, dijo el maestro. La mejor manera de tu poder entender estos conceptos es no usando la mente.

¿Cómo que no usando la mente? Pregunto sobresaltado el estudiante.

Veras, dijo el profesor, tienes que entender que estos conceptos no pueden comprenderse usando la mente, sino que hay que vivirlos.

El estudiante se puso de pie. Llevo sus manos entrelazadas a su cabeza. Luego las separo del entrelace que tenían y empezó a frotarse las sienes como para buscar comprensión y más que nada claridad de pensamiento. El estudiante pensó que el profesor estaba incorrecto pero no tenía argumentos para retarlo. Tampoco quería ofenderlo y mucho menos quería aparecer como incapaz de poder entender su explicación.

Pensó que hasta ahora el profesor le creía inteligente y no quería defraudarlo. Después de todo, él era un simple estudiante y el profesor era su maestro. Pensó que lo mejor era continuar su rol de estudiante y no contradecir a su maestro usando argumentos que ni siquiera tenía. Por otro lado, la realidad era que no entendía y se resistió aceptar algo que no comprendía.

Luego se calmó, se sentó en el banco junto a su maestro y humildemente

Le dijo al profesor que necesitaba más explicación para poder aceptar su posición.

El profesor se quedó mirando a su estudiante y para dictar el curso de su explicación le pidió que desglosara parte por parte lo que él no entendía, para ambos inteligentemente ir cubriéndolas. Solo así podrás descifrar tu crucigrama, le advirtió el profesor a su estudiante y el joven asintió con la cabeza.

Vera usted profesor, dijo el estudiante. Yo puedo comprender que el ayer no existe hoy pero ayer si existió. Y lo mismo pasa con el mañana que vendrá a existir en el futuro.

Bueno, dijo el profesor, eso es lo que la mente te hace creer. Por eso tienes que tratar de vivir estos conceptos y no emplear la mente para analizarlos. Debes vivir la realidad de que lo único que existe es el ahora, y no el mañana ni el ayer. Tampoco es correcto catalogar el ahora como un lapso de tiempo porque él ahora está fuera del tiempo. Mientras más te concentres en el tiempo más te alejaras del ahora y en realidad, es precisamente él ahora lo que podemos catalogar como algo precioso.

Él ahora es eterno siempre estaremos en el ahora. La vida es ahora. Solamente podemos hacer algo en el ahora. Nada podemos hacer en el mañana y nada podemos hacer en el ayer. El pasado y el futuro no existen. Recuerda que no hay vida ayer, tampoco hay vida mañana. La vida es ahora y siempre existirá el ahora. Nunca ha pasado nada en el pasado. Cuando las cosas ocurren, ocurren en el ahora. Tampoco las cosas pasan en el futuro. Todo lo que ocurre, ocurre en el presente, en el ahora.

No entiendo profesor, dijo el estudiante, como es posible que usted me diga que nada ha ocurrido en el pasado. Y nada ocurre en el futuro. La realidad profesor es que no lo entiendo.

Te entiendo, dijo el profesor. Lo mismo me pasa con mi yerno, el esposo de mi hija Maritza. Él tampoco puede entender bien estas cosas al principio pero luego, al meditar sobre ellas, termina entendiéndolas.

Cuando mi yerno confrontas estas situaciones, donde no puede asimilar rápido estos conceptos, suele decirme que "estas cosas no son cascara de coco." Queriendo decir que estas cosas no son fáciles de creer. Pero siempre termina entendiéndolas y luego suele concluir que "a pesar de no ser cascara de coco, son en realidad ciertas"

Bueno, dijo el estudiante, ya veo que yo no soy el único que no entiende. Considéreme como su yerno. Deme más explicación para poder entender.

El profesor le contesto que, "a eso vamos" y acto seguido le repitió que para entender estas cosas, tenemos que hacerlo fuera de la mente. O sea, no mentalmente.

Veras mi querido estudiante, dijo el profesor. Para que puedas entender el concepto del ahora tienes que vivir el ahora. Y librarte completamente del tiempo. Por eso, cuando piensas en el pasado estas mentalmente creando un periodo de tiempo.

Por ejemplo, tendrías que preguntarte, ¿cuándo en el pasado? ¿Ayer? ¿La semana pasada? ¿De qué espacio de tiempo en el pasado estamos hablando?

Lo mismo sucede cuando hablamos del futuro. Igualmente tendrías que preguntarte ¿cuándo en el futuro? ¿Mañana? ¿La semana próxima? ¿De qué espacio de tiempo estamos hablando en el futuro? Y por consiguiente nos alejamos del presente o sea del ahora.

En cambio este problema del tiempo no está presente en "el ahora". Cuando hablamos del ahora simplemente, "estamos" y no hay tiempo de ninguna clase.

El estudiante permaneció por unos instantes meditando en estos conceptos y el profesor no continuo con su explicación para darle tiempo al estudiante realizar su análisis. Luego el estudiante, mostrando un ápice de entendimiento, le dijo al profesor que creía conocer. Le pidió que le dejara explicar su aparente conocimiento y el profesor consintió moviendo su cabeza.

Dijo usted profesor que para experimentar el ahora tenemos que hacerlo fuera de la mente.

Correcto, dijo el profesor.

Y dice usted profesor, continuo el estudiante, que el ahora no es algo que se piense si no que tiene que vivirse.

Correcto, dijo el profesor.

Y también dijo usted que tan pronto la mente empieza a pensar en "el ahora" eso hace que nos salgamos inmediatamente del presente.

Correcto, dijo el profesor. Es por eso precisamente que te dije que no puedes usar la mente. La mente es para servirnos a nosotros y no para controlarnos, o para sacarnos de lo que es real u orientarnos equivocadamente.

Tienes que aprender a decirle a la mente "no quiero que pienses" y la mente parara de pensar. Recuerda que tú eres su amo y ella no debe controlarte. Recuerda que eso es precisamente lo que tú haces cuando meditas. Callas el dialogo interno y dejas la mente quieta, sin pensar en nada.

Y al así hacerlo, la mente te obedece y entras en el "espacio entre los pensamientos" y allí, estarás frente a frente con la inteligencia universal, con tu propio yo interior, con tu espíritu en el lugar donde no estarás afectado por el tiempo ni por el espacio.

¿Recuerdas? Pregunto el maestro a su estudiante y este le contesto, que si, que recordaba.

Por eso, dijo el profesor, cuando te encuentras en ese lugar donde solo existe "el ahora," que es cuando estas meditando y la mente esta en blanco, si te descuidas y empiezas a pensar saldrás de la meditación y no estarás más en "el ahora."

De manera profesor, dijo el estudiante, podemos decir que la mente no quiere que estemos en "el ahora." Y por ende, crea ciertas estrategias para que nosotros evitemos "el ahora."

Correcto, dijo el profesor. Y añadió, veo que vas entendiendo.

Entonces profesor, dijo el estudiante, tan pronto la mente empieza a pensar en las cuentas que tenemos que pagar, los compromisos que tenemos que afrontar, el dolor que tenemos que sentir en las rodillas que tenemos enfermas, o el dolor que sentimos en cualquier otra parte del cuerpo, nos apartamos del presente, o sea, del "ahora".

Correcto dijo el profesor. Tan pronto traemos el factor tiempo, el "ahora" deja de existir y creamos el problema real de haber perdido el "ahora". Y cuando perdemos el ahora regresamos a sentir el dolor en las piernas, la artritis reumática empieza a torturarnos y los problemas económicos empiezan a mortificarnos, etc., etc.

Al perder "el ahora" todas estas situaciones se convierten en sufrimientos y en problemas muy personales ya que al salirnos del presente, lo que hacemos es salirnos de nuestro ser interior. Y entonces esas cosas, reanudan su dolor en el cuerpo físico.

Entonces profesor, me está diciendo usted que si logramos mantenernos en "el ahora". O sea, en el presente, estaremos en contacto frente a frente con nuestro ser interior.

Correcto, dijo el profesor. Eso es lo que ya te he dicho repetidamente.

Y dice usted profesor que al estar en contacto frente a frente con nuestro ser interior, estaremos en contacto con la parte de nosotros que goza de la sustancia espiritual de nuestro creador.

Correcto. Dijo el profesor. Eso también te he tratado de decir repetidamente.

Y si eso es así profesor, entonces mientras estamos situados, por así decirlo, en el presente, frente a frente con nuestro ser interior no sentiremos dolor en nuestro cuerpo enfermo.

Correcto, dijo el profesor, y añadió, eso es así porque en ese "momento", por así decirlo para que me entiendas, estaremos en el ámbito espiritual donde no seremos afectados por el tiempo ni por el espacio y no sentiremos dolor alguno. Tampoco sentiremos pena ni tristeza.

Y lo mismo ocurre cuando estamos en el ahora y de momento empezamos a juzgar a otras personas o situaciones. Esto hará que trasladamos nuestra atención fuera de nuestro ser interior. O sea, fuera de nuestro "yo". Esto hace que perdamos poder y un torrente de energía es desperdiciada fuera de nosotros para ser usada en algo que nos trae dolor y sufrimiento.

¿Y porque es que casi siempre nosotros estamos juzgando esto y juzgando esto otro, profesor? pregunto el estudiante.

Bueno, debes entender que esta pregunta nos saca un poco del tema que estamos tratando.

Aun así voy a contestarla pero luego tendremos que retomar el tema, toda vez que aún no lo hemos terminado.

Muy bien, dijo el estudiante. El tema de porque juzgamos es algo que me interesa. Luego retomaremos el tema anterior

A manera de introducción, dijo el maestro, en este tema he de citar a dos grandes autores; Gary Zukav & Linda Francis, en su libro, *The Heart of The Soul*, nos dicen que: "when you judge another individual it is because you have recognized in someone else a characteristic that you have not yet identified in yourself".

Queriéndonos decir que, cuando juzgamos a otra persona es porque somos exactamente iguales a ellas en su forma de ser y actuar. Cometemos exactamente lo mismos que criticamos o juzgamos en esa otra persona.

No entiendo profesor, dijo el estudiante. ¿Dice usted que criticamos en esa otra persona exactamente lo mismo que tenemos en nosotros?

Eso es así, dijo el maestro, lo que pasa es que lo que criticamos de esa persona es una característica que nosotros mismos tenemos, pero que aún no la hemos identificado en nosotros mismo.

Interesante profesor, dijo el joven estudiante. Y añadió, ¿Qué podríamos hacer nosotros para darnos cuenta de ello y no molestarnos? Le pregunto esto profesor porque cuando criticamos la actuación o la forma de ser de esa otra persona nos molestamos y creo que sería contraproducente molestarnos o agraviarnos injustificadamente.

Buena pregunta, dijo el maestro. Lo que tenemos que hacer cuando nos encontramos criticando a otra persona, es parar de criticar y analizarnos. Al así hacerlo veremos que aquello que vemos mal en la actuación de otros, es porque también nosotros actuamos de igual forma. Tenemos que entender que hasta que no nos demos cuenta de que poseemos exactamente las mismas características, y cometemos los mismos actos que cometen las personas que criticamos, nos vamos a sentir molesto, herido, y angustiados.

Siempre que te encuentres juzgando a un semejante, para de hacerlo. Analízate tú mismo veras que lo que criticas es lo mismo que tú haces o por lo menos, deseas hacer.

Al así hacerlo veras que bien te sentirás. Te evitaras molestarte, la molestia y el dolor físico desaparecerán y te ahorraras energía que podrás usar para otras cosas más productivas en tu diario vivir.

¿Y qué podemos hacer con ese torrente de energía que se desperdicia juzgando a otras personas profesor?, pregunto el estudiante.

Podemos usarla para curar y sanar nuestro cuerpo. También para evitar enfermedades, controlar el dolor y sacar fuera de nuestro cuerpo todo aquello que tal y como dijiste tú, "nos maltrata, nos abusa y nos tortura" o algo asi, contesto el profesor.

¿Has visto tú la cara de los niños, especialmente los infantes? Ellos no juzgan y sus rostros son angelicales. No se ven molestos, ni agriados, ni sicológicamente enfermos. Los niños están siempre en estado de "Bliss" y constantemente se ríen sin necesidad de tener una razón para ello.

Por otro lado los adultos nos pasamos juzgando a todo el mundo. Juzgamos a la vida, al universo. El día lluvioso, el día soleado y placentero. También juzgamos cuando hace frio o hace calor. Juzgamos a la música del reggaetón a hasta la música clásica. Juzgamos tanto y tanto que terminamos amargados y nada nos hace reír.

¿No has notado tú como nuestros comediantes tienen que ingeniárselas para poder sacar una simple sonrisa de nosotros, los adultos?

Si profesor, eso he notado. Actualmente los comediantes no hacen reír a nadie, dijo el estudiante.

Luego el estudiante se puso de pie y mostrando una sonrisa al profesor le pidió, si podía hacerle un chiste alegórico al asunto este de los comediantes. El profesor asintió con la cabeza.

El estudiante le conto, que un individuo estaba pidiendo dinero en una esquina. Había muerto un compañero comediante en la más grande pobreza y se necesitaba dinero para costear su entierro. El compañero comediante pedía una contribución a todo transeúnte que encontraba en su camino.

Al pedir, requería la contribución de un dólar "para enterrar a un comediante", decía.

En eso paso un señor que rápidamente introdujo la mano en su bolsillo y tomando dos dólares, se lo extendió a su interlocutor diciéndole, "tome, entierre a dos".

El chiste no dejo de causarle gracia al profesor quien trato de no reírse para no echar por la borda su mensaje, de que hoy en día nos cuesta trabajo reírnos. Pero aun así, su postura no pudo aguantarla por mucho tiempo y se vio forzado a despegar sus labios y tener que reírse a carcajadas.

Luego, nuestros personajes reanudaron la conversación anterior referente al tema del "ahora" y de la treta que nos juega la mente para sacarnos de estar en el presente.

El profesor retomo la palabra diciendo que lo que pasa es que la mente entra en juego. Al así hacerlo, empieza a controlar y a dictar nuestro comportamiento. Al así hacerlo, no podemos permanecer mucho tiempo en "el ahora," porque la mente introduce el factor tiempo en la jugada. Como vez, mi querido estudiante, esta es una de las formas en que la mente nos controla y si no estamos conscientes de ello ella, nos puede esclavizar.

Pero esta experiencia, si la vivimos conscientes de ello, no es del todo mala, dijo el profesor. Porque según vamos viviendo el presente y perdiéndolo y luego, volver a recuperarlo, iremos con este hecho viviendo el presente más y más, poco a poco y llegará el momento en que logremos estar en "el ahora," en el presente, más de meros segundos.

Podemos hasta lograr mantenernos por minutos. Y con el tiempo, por así decirlo, estar más tiempo libres del tiempo y permanecer en el ahora con más duración hasta poder controlar nuestra mente mejor y estar más en contacto con nuestro ser interior por más "tiempo", por así decirlo.

Y cuando esto suceda profesor, pregunto el estudiante, ¿seremos libres?

Correcto contesto el profesor. Y añadió, Eckhart Tolle en su libro, *El Poder del Ahora*, nos dice que "ser libre del tiempo es ser libre de la necesidad sicológica del pasado para su identidad y del futuro para su realización . . . Eso representa la transformación más profunda de la conciencia que usted pueda imaginar"

Bien profesor, dijo el estudiante, ¿podría usted explicarme que beneficio tendría para el ser humano el estar en el ahora y no vivir en tiempo pasado o en el tiempo futuro?

Eso es una buena pregunta que ansiosamente esperaba me hicieras, dijo el profesor. Pero ya Eckhart Tolle te la acaba de contestar con la cita en su libro que acabo de mencionar.

Al vivir en él ahora te hace libre del tiempo. Al hacerte libre del tiempo, no necesitarías del pasado para poder identificarte y tampoco necesitarías del futuro para poder realizarte. Te podrías realizar ahora y no mañana, o cuando este lloviendo o cuando salga el sol. Si quieres eliminarte un dolor de tu cuerpo no tendrías que esperar mañana, cuando compres las pastillas del dolor, o cuando pase esto o pase esto otro. Podrías quitarte el dolor "ahora".

Lo siento profesor, dijo el estudiante. Creo que ahora lo entiendo pero no del todo. ¿Podría molestarse en explicarme un poquito más sobre el tema?

Bueno, déjame ver cómo puedo explicarte desde otro punto de vista, dijo el maestro . . .

Para que puedas entender el efecto práctico que tiene para nosotros el estar en el presente, o sea, el vivir el "ahora", es menester tocar ciertos puntos para sentar las bases. Ya te dije en conversaciones pasadas que tú no eres tu mente. La mente siempre está pensando y pensando. Durante el día, por nuestra mente pasan miles de pensamientos. Mucho de ellos hasta son contradictorios. Este constante pensar nos impide encontrar la tranquilidad y quietud tan necesaria para poder estar en contacto con nuestro ser interior.

Como pensamos sin parar, tendemos a identifiquemos con la mente y la mente termina interponiéndose entre nosotros y nuestro verdadero ser. Y además, crea una distancia entre nosotros y nuestros semejantes.

Eckhart Tolle dice que "la mente crea una pantalla opaca de conceptos, etiquetas, imágenes, palabras, juicios y definiciones que bloquea toda relación verdadera como lo es la relación de usted y la naturaleza y hasta la relación entre usted y Dios".

Eckhart dice además que "la mente ha llegado hasta a utilizarlo a usted en lugar de ser usted quien la utilice a ella" y como resultado, dijo el profesor, llegamos hasta creer que somos la mente sin darnos cuenta de ello.

Profesor, dijo el estudiante, me está causando un tanto de miedo su explicación. Si eso es así como usted dice, dígame cómo podemos nosotros tomar el control de nuestra mente a los efectos de que esta no nos tome como esclavos y nos controle a su antojo.

Lo que tenemos que hacer, dijo el profesor, es estar el más tiempo posible en contacto con nuestro ser interior que es nuestro verdadero "yo". Esto se hace aquietando la mente para así crear paz interior. Al así hacerlo nos posicionamos detrás de la mente y entonces podemos observar la mente pensando. Nos daremos cuenta de que la mente es una y nosotros somos otra cosa. Así tendremos el control de la mente que es como debe ser.

Entonces profesor, dijo el estudiante, ¿podemos decir que cuando aquietamos nuestra mente estaremos en control y al así hacerlo dejaremos de identificarnos con la mente?

Correcto, dijo el profesor. Tan pronto tomamos el control dejaremos de darle energía a la mente la cual en la mayoría de los casos, hacemos sin darnos cuenta.

¡Wow! Profesor, dijo el estudiante, este tema está muy profundo.

Correcto dijo el profesor. Es por esto que mi yerno usaba decir que "esto no es cascara de coco"

Pero es verdad, dijo el estudiante. Es por eso que cuando meditamos aquietamos el dialogo interno, dejando la mente quieta y libre de pensamiento alguno. Al así hacerlo, dijo usted, que entramos en contacto con nuestro ser interior que es nuestro verdadero yo. Y ese yo no es otra cosa que el ser espiritual, la parte esencial de nuestra entidad de ser humano.

Correcto, dijo el profesor.

Profesor, dijo el estudiante, usted me enseno a meditar y yo medito casi todos los días.
Cuando medito estoy de hecho controlando mi mente. Al controlar mi mente reconozco que yo no soy mi mente y que tengo la capacidad de también observar mi mente. No tan solo cuando esta callada si no que puedo observarla también cuando está pensando.

Bueno, dijo el profesor. Tú acabas de hacer una interesante observación. Tú has dicho que cuando meditas, al situarte detrás de la mente puedes ver la mente quieta y también puedes ver la mente cuando ella (la mente) está pensando. ¿Eso te ha pasado a ti? Pregunto el maestro a su estudiante.

Si profesor, dijo el joven estudiante. Cuando yo medito, sé que me situó detrás de la mente. Al así hacerlo, yo, mi espíritu puedo ver la mente quieta, callada y sin estar pensando. Y también he podido verla cuando ella empieza a pensar. Es aquí que yo presiento que me estoy rindiendo a la mente porque ella me está sacando de la meditación y me pone a pensar.

O sea, profesor. Cuando no puedo con ella, (con la mente) siento que me saca del estado de no pensar y me pone a pensar ocasionando así que me salga de la meditación.

Bueno, dijo el profesor. Eso quiere decir que estas aprendiendo a trabajar con la mente muy bien y a paso agigantado. Llegará el día que puedas dominar tu mente muy bien y puedas estar más tiempo en el ahora, en el lugar donde no seas afectado por el tiempo ni el espacio. Y desde allí, ordenar a tu dolor (o lo que sea) que no te afecte más y así será.

Veo, dijo el profesor. Que tu estas bien adelantado en la meditación.

También se profesor, dijo el joven estudiante, que el meditar no constituye un estado de trance o de inconciencia.

Eso es así, dijo el profesor, y añadió, me alegro que lo hayas mencionado ya que el meditar es más bien un estado de atención verdadera. Estamos en una situación de alerta. Estamos más despiertos que nunca, porque al meditar estaremos en el presente.

Por otro lado profesor, dijo el estudiante, yo no quiero restarle importancia a la mente. La mente yo la uso para estudiar y para conocer. Entiendo yo, dijo el estudiante, que los artistas y los compositores no serían nada sin sus respectivas mentes porque no podrían crear sus obras de arte o sus composiciones musicales. ¿No es eso cierto profesor?, pregunto el estudiante.

No, dijo el profesor, eso no es cierto. Los compositores pintores, y otros artistas, no hacen sus creaciones desde la mente, si no desde un lugar donde solo hay quietud, silencio y una calma interior para poder "crear", por así decirlo. Si el compositor no calla el dialogo interno de su mente, no podrá crear su pieza musical. Es menester entender que no es la mente del compositor la que compone la obra musical sino su ser interior o mejor dicho, el compositor mismo, dijo el maestro.

Y ese ser interior es el ente espiritual que lo constituye una inteligencia que es parte de la gran inteligencia universal. Y este ser interior, esa inteligencia, mi querido estudiante, es mucho más grande y superior que la mente.

Los compositores están bien consiente te esto. Por eso ellos siempre buscan callar su dialogo interno para dar paso a su ser interior y este sea el que componga la obra musical, concluyo el profesor.

Le entiendo profesor, dijo el estudiante, le entiendo perfectamente. Y añadió, ahora deseo hacerle una última pregunta. Con ella de seguro podre aclarar de una vez y por todo el asunto este del estar en "el ahora" y de que el pasado y el futuro no son reales. No quiero con esta pregunta que usted crea que no le entiendo. Lo que pasa es que quiero asumir esta posición para que si luego se me present alguna duda ya la tenga contestada.

Bueno, dijo el profesor, aquí estoy para contestarla.

Cuando usted habla del "ahora" esto me parece como un periodo de espera, de algo que se avecina en el futuro. Le digo esto profesor porque cuando estamos en el presente tal parece que estamos en espera del futuro. ¿No es así profesor?, pregunto el estudiante.

Me has hecho una buena pregunta distinguido amigo, dijo el profesor. Y añadió, tal parece que la tenías escondida para cerrar con broche de oro este tema tan importante y delicado, dijo el profesor.

Veras, aunque el concepto "ahora" parece un esperar por algo que llegará en el futuro, la realidad es que esto no es una espera. Es más bien una especie de estar bien despierto, bien alerta en la cual todo es presencia total. En realidad es un ahora constante.

En este estado de presencia no hay pensamiento alguno. Aquí la mente no controla nada. Es más bien tu ser interior el que controla. Este estado de presente continúo, es un "ahora" inmutable. La atención esta simplemente en el "ahora".

Eckhart Tolle describe este estado de presencia total con un pequeño experimento que considero muy explicativo y gracioso, dijo el profesor.

Nos dice Eckhart, que cierres lo ojos y te preguntes a ti mismo cual va a ser tu próximo pensamiento. Luego te pongas en alerta y esperes por el próximo pensamiento. Compórtate como un gato observando la guarida de un ratón.

Según Eckhart, estarás un buen rato antes de que el pensamiento se te presente y es precisamente ese estado de intensa presencia donde estaremos libres del pensamiento. Estaremos quietos pero muy alerta.

Comprendo profesor, dijo el estudiante. Y añadió, mientras estábamos esperando por el nuevo pensamiento que llegara, estaremos alerta y sin pensamiento alguno. Así como estaba el gato esperando por el ratón que saliera. Pero tan pronto nos llega el pensamiento o el ratón aparece, inmediatamente regresamos al tiempo y se esfumara el presente.

Correcto, dijo el maestro.

No sé qué pensar profesor, dijo él; joven estudiante. Su explicación me deja atónito. Realmente no tengo palabras para expresar lo contento que me siento con este conocimiento adquirido. Me inclino a pensar que mientras más conocemos sobre estas cosas, mejor acondicionada quedara nuestra mente para servirnos mejor.

Me pregunto profesor, dijo el estudiante, si la mente sabe lo grande que somos.

Eso es otra buena pregunta, dijo el profesor. Y añadió, la mente es tu servidora, está allí para servirte. Por eso no me canso de decirte que si tú eres un tonto o ignorante, la mente le servirá a un tonto o ignorante. En cambio, si eres una persona con vastos conocimientos, si eres inteligente y buen conocedor, la mente entonces le servirá a quien la mente ha de reconocer como algo más grande que ella misma.

El joven permaneció tranquilo, quieto y pensativo por unos instantes y el profesor como siempre, le dio tiempo para que el joven asimilara el material adquirido. Luego, el estudiante se puso de pie, extendió su mano al profesor y le indico que tenía que marcharse. Ese día se reunirá con su grupo de estudio para repasar el material de examen que tendría al día siguiente.

El profesor se puso de pie y sin desprenderse de la mano que estrechaba del estudiante, le dio las gracias por la extraordinaria asimilación demostrada y por hacerlo sentir tan útil.

Ambos se fundieron en el fuerte abrazo paternal y se despidieron.

El estudiante se marchó y el profesor permaneció en el asiento acostumbrado. Cuando el joven estaba a la distancia de varios pasos de su maestro, se viro de frente y dirigiéndose a su profesor le pregunto ¿qué haría con el nuevo material aprendido?

El profesor le contesto que si lo entendió como el cree y sabe que lo asimilo, lo único que le resta hacer es ponerlo en práctica y luego gozar de los resultados.

Ambos se obsequiaron con una sonrisa, y se saludaron con las manos haciendo el saludo militar.

Durante el camino a su destino inmediato, el estudiante dejo su mente correr pensando que la próxima vez que hablara con el maestro, el tema principal será alrededor de la invitación que le prometió de llevarlo a casa de su hija Maritza.

Con ese pensamiento llego a reunirse con su grupo de estudiantes que le esperaban para repasar la materia del examen que tenían pendiente.

Decimoquinto Encuentro

Las palomas en la Plaza

El miércoles amaneció con un sol brillante. Hacía un calor sofocante y la fuente estaba encendida. Esta vez, la fuente estaba frecuentada por muchas palomas buscando quizás el fresco de sus cristalinas aguas. Realmente nunca antes había visto tantas palomas alrededor de la fuente.

Eran como las cinco de la tarde cuando vi al joven estudiante que llego a la plaza de recreos. Ahora iba en camino hacia el banco aquel frente a la fuente donde acostumbra conversar con su maestro. Allí encontró al profesor jugando como siempre con aquel llavero extraño.

Al llegar, se saludaron como de costumbre. A manera de introducción hablaron sobre la fuente, de las muchas palomas y el calor intenso que hacía. Luego el estudiante empezó acomodar el ritmo de sus preguntas e inquietudes.

Hace un tiempo dijo el joven estudiante, durante nuestro segundo encuentro, usted tomo esa plática para hacerme muchas correcciones.

Quizás porque yo no tenía los conocimientos que hoy tengo y que usted me enseñó.

Bueno, interrumpió el profesor, yo no te enseñe nada. Todos esos conceptos que hoy dices que aprendiste de mí, tu siempre los tenías dentro de ti. Recuerda que yo solo te lleve hasta "el umbral de mis pensamiento" y tú voluntariamente y sin miedo entraste, despertando en ti, lo que tenías dormido en tu interior.

Bueno, dijo el estudiante, eso lo entiendo ahora y gracias también a usted. Pero quiero decirle que gracias a las correcciones que de usted tuve, pude seguir sus enseñanzas casi al pie dela letra y hoy siento que voy de camino hacia la "iluminación plena".

Hay un tema que por una razón u otra, usted nunca me explicó en forma específica y aunque la cubrió en términos generales, hoy quiero que me diserte sobre ello en forma clara y convincente, concluyó el estudiante.

Bien, dijo el profesor. Dime cual es el tema que quieres tratar y juntos lo discutiremos.

Fue en ese segundo encuentro profesor, cuando usted me habló de los conceptos llamados materia, energía e información y el concepto de la nada, dijo el estudiante. Recuerdo profesor, que en aquella ocasión yo confundí el concepto de "la nada" con el concepto "espíritu". Fue aquí que usted me corrigió enérgicamente diciendo que "no debemos nunca asumir que lo espiritual es similar a la nada porque el espíritu lo es todo".

También recuerdo que en ese segundo encuentro usted me dijo que el concepto espíritu "es arena de otro costal". Queriéndome decir que ese tema lo discutiríamos en otra oportunidad para, como textualmente dijo usted, "no complicar las cosas".

Correcto, dijo el profesor, y como ahora no hay nada que pueda complicarse, me imagino que quieres que abordemos el tema del espíritu. ¿No es así mi querido estudiante?

Sí señor, así es, mi querido profesor. Contesto el joven.

Bien, dijo el profesor. Y añadió, lo primero que tienes que saber es que constituye el concepto "espíritu". Pero para entender esto tienes primero que preguntarte ¿quién tu no eres? Es importante saber que tú no eres tu cuerpo material. Tampoco eres tu mente, ni lo que constantemente tu mente está pensando. Tú no eres las ideas que en ese momento experimentes y tampoco eres los pensamientos que se materialicen en tu vida. Mucho menos eres la escena que en un momento determinado estés observando. Tú no eres esas cosas, dijo el maestro.

Entonces profesor, ¿quién soy yo? O mejor dicho, dígame quien es usted Pregunto el estudiante.

Yo soy el que observa la escena. Yo soy el observador constante. Yo soy el que no cambia nunca. El que siempre es constante. Yo soy el inmutable, el que no cambia.
Yo soy el que tiene las experiencias, el que siempre está presente. Yo soy el que no está afectado por el tiempo ni por el espacio. Yo soy el que no se puede crearse, tampoco se puede modificar ni destruir. Por lo tanto, yo soy eterno. Dijo el profesor.

¿Ve profesor? Pregunto el estudiante. Esto precisamente es lo que me asusta un poco y a veces me hace analizar en forma ambivalente. La realidad es que si nosotros somos eternos, eso parece indicar que nosotros somos Dios. ¿No es eso así profesor? Pregunto el estudiante.

No, contesto el profesor. Nosotros no somos Dios. Y añadió, no veo porque siempre te confundes.

Ya sabemos que Dios fue quien nos creó y siendo el nuestro creador, nosotros venimos a ser su creación. De hecho, dijo el profesor, nosotros somos la creación más perfecta de Dios. Y añadió, fuimos creados por El con sus propias manos a su imagen y semejanza.
Al crear al hombre y luego a la mujer, Dios nos colmó de atributos especiales que no les otorgo a ningún otro ser de su creación.

Entonces profesor, dijo el estudiante, ¿podemos nosotros crear aun sin ser Dios?

No, nosotros no podemos crear. Dijo el profesor. Y añadió, Lo que si nosotros podemos hacer es ir, atreves del conocimiento, al lugar desde donde Dios creo todo, a la nada, y desde allí tomar todo aquello que necesitemos. Ya hemos cubierto este tema en anteriores pláticas, dijo el profesor ya sabemos que Dios lo creo todo. Incluso él se creó el mismo. Ya no hay nada más que crear. Si ya todo fue creado en abundancia por Dios para nuestro uso y disfrute, lo único plausible que nos queda hacer es ir a esa fuente de abundancia y tomar de ahí lo que necesitemos.

El estudiante interrumpió al profesor y en tono jocoso, le pregunto si él sabía que cosas de allí podemos tomar si lo necesitamos.

El profesor, en tono serio y con mucha firmeza le contesto al estudiante que lo que podríamos tomar de esa fuente de abundancia podría ser salud, prosperidad, buenas amistades, unión familiar, paz para el mundo entero . . .

Y también un auto nuevo, concluyo el profesor en tono muy serio.

Luego de esa explicación el profesor le pregunto al estudiante si tenía otras preguntas u otras preocupaciones que requiera mayor explicación. El estudiante le pregunto qué le explicara con más claridad por qué las personas son tan renuentes en aceptar el hecho de que el ser humano goza de la misma esencia divina de Dios, pero no somos Dios.

Le pregunto esto profesor, dijo el estudiante, porque piensan ellos que hablar así es cometer un sacrilegio u ofender a Dios. Por eso desearía profesor que me diera un buen ejemplo para yo presentarle a mis amigos una contestación bien clara y convincente referente a ese asunto de que no somos Dios pero también parece que lo somos.

Bueno, dijo el profesor. Tú no estás aquí para salvar al mundo. Tu deber es buscar el conocimiento donde sea, principalmente incursionándote en lo no conocido. Ser feliz, saludable, tener buenas relaciones, tener en abundancia y que tus necesidades te sean suplidas.

Y Si te encuentras con alguien que no acepta tus conocimientos o tu manera de ver estas cosas de lo no conocido, del ámbito espiritual, no te preocupes . . . Sigue tu camino y recuerda que "lo importante no es llegar, sino que vas de camino". Y es en el camino donde iras aprendiendo.

Pero contestando tu pedido, de que te explique con más claridad el asunto este de que a pesar de que no somos Dios gozamos de su esencia divina, déjame darte la siguiente información que saque de uno de mis libros y sé que sé que te va a gustar y te ayudara en tu comprensión.

Si tomamos del océano un vaso de agua, el océano continuara siendo el mismo océano que era antes de tu haber extraído el vaso de agua en cuestión.

Notaras también que el vaso de agua tendrá la misma esencia y los mismos componentes químicos, que contiene el agua del océano de donde lo extrajiste.

Entenderás, mi querido amigo, que ese vaso de agua no es el océano, ya que el océano no es equivalente a un vaso de agua extraído del mismo.

Por otro lado, continúo el profesor. Si vaciaras el mismo vaso de agua de regreso al océano, el océano seguiría siendo el mismo océano anterior y sus componentes químicos continuarían siendo exactamente los mismos de antes y después de haber extraído el vaso de agua y regresado el mismo al océano. Imagínate, mi querido amigo, que el océano es Dios y que nosotros somos el equivalente a ese vaso de agua.

¿Entiendes? Mi querido estudiante, pregunto el profesor

Si, entiendo. Contesto el estudiante y añadió que en ese ejemplo dado, los componentes químicos del agua constituyen la esencia divina de Dios. Y nosotros representamos el vaso de agua extraído del océano.

Correcto, dijo el maestro. Y en tono jocoso le pregunto al estudiante si tenía otra preocupación que requería explicación adicional.

El estudiante le contesto que su explicación mas clara no podía ser y que la única preocupación que tenía era saber cuándo el profesor le invitaría a su casa.

El profesor le contesto que precisamente hoy mismo era el día cuando él lo invitaría a su casa para conocer a su hija Maritza, el esposo de ella y sus tres nietos.

¿Como? ¿Que? ¿Me está invitando a su casa profesor? Pregunto sorprendido el estudiante.

El profesor se sonrió y le dijo que efectivamente el viernes próximo Maritza le estaba celebrando su cumpleaños en el patio de su casa y él estaba cordialmente invitado.

La actividad es por la tarde, dijo el profesor, deberás estar allí como a las dos. Habrá una barbacoa en el patio y tendrás la oportunidad de conocer a mi hija Maritza, su esposo y los tres niños.

Te prometo, enfatizo el profesor, que pasaras un día extraordinario entre familia y será para ti un momento inolvidable. Sera una actividad netamente familiar y tú serás mi único y especial invitado.

Una sola cosa te pido, dijo el maestro, no quiero que me traigas ningún regalo. Realmente lo tengo todo y no quiero que tú, un estudiante sin empleo inmediato, incurra en gastos innecesarios. Después, cuando termines la universidad y estés empleado entonces podemos hasta intercambiar regalos.

Como ya era tarde y el joven tenía otros compromisos, se despidió del profesor con un apretón de manos y un fuerte abrazo paternal. El joven le dio las gracias al profesor por tan esperada invitación y se marchó bien contento con una sonrisa en los labios.

En su camino al apartamento, el estudiante iba radiante de alegría por la invitación tan maravillosa que obtuvo del profesor. Ahora, dijo para si el estudiante, podre conocer la familia inmediata del profesor y sin lugar a dudas pasare a ser parte importante en el círculo familiar del maestro.

Y añadió, después de todo el profesor dijo que pasare un momento inolvidable entre familia yo seré el "único y especial invitado".

Capítulo Tercero
Fiesta de cumpleaños del profesor

El joven estudiante estaba ansioso de que llagara el viernes por la tarde, día programado para visitar al profesor y conocer personalmente a su hija Maritza, al esposo de ella y sus tres hijos.

El profesor le había invitado a una barbacoa en el patio y pasar un día extraordinario con su familia. También le había prometido que sería para él "un momento inolvidable".

Al llegar el viernes por la mañana decidió levantarse más tarde y poder dormir las ocho horas reglamentarias que acostumbraba dormir todos los días. Como a las once y media se encontraba en las inmediaciones de la plaza de recreo. Allí compró flores para llevarle a Maritza. Para los niños le compro tres juguetes; un bate, un guante y una bola. Los cuales pidió que se los pusieran en una caja de regalos.

A la una y media de la tarde emprendió su camino a casa del profesor. El recorrido le tomo veinte minutos. Eso fue aproximadamente lo mismo que se tardó cuando visito el apartamento del profesor la primera vez, acompañado del maestro.

Al llegar frente a la casa de Maritza, noto que los tres niños jugaban en el patio. Estaban acompañados aparentemente de su padre, un señor de más o menos cuarenta y cinco años de edad que atendía la barbacoa. Se percató de que una mujer hacia su entrada al patio desde la residencia principal. Tenía en sus manos una bandeja que el joven asumió contenía los comestibles para ser preparados en la barbacoa.

El joven estudiante se paró frente al portón de la residencia. Esperaba ser visto por el profesor que posiblemente lo está observando desde su apartamento, en la casita ubicada en la parte atrás de la residencia principal. Disimuladamente miro su reloj para cerciorarse de la hora. Su reloj marcaba las dos menos cinco minutos. La cita era para los dos de la tarde. Para ser puntual decidió esperar los cinco minutos restantes y así, dar oportunidad al profesor a que hiciera su entrada al patio y alcanzar a verlo.

El señor, de más o menos cuarenta y cinco años, al ver al joven estudiante parado frente al portón de entrada, pensó que se le ofrecía algo y se adelantó a preguntarle.

Hola., ¿se le ofrece algo? Inquirió el señor al estudiante.

El joven contesto que buscaba a su amigo el profesor.

¿Cuál profesor? Pregunto el señor, caminando un poco más hacia el estudiante que ya empezaba a mostrar síntomas de incomodidad al no ver al maestro en el lugar.

Me refiero, dijo el estudiante, al señor que vive en la casa del patio. Aquella que está en la parte atrás de la residencia principal, a la vez que apuntaba con su dedo índice, al lugar indicado.

El señor se quedó mirando al joven estudiante con desconfianza y le pregunto qué ¿a cuál casa se refería?

El estudiante le contesto que se refería al apartamento que estaba ubicado en la casita del patio. Y que allí era que vivía el profesor en cuestión.

El señor le aseguro al joven que en la casita del patio no vivía nadie. Que su uso era para acomodar "cachi—baches", esto es, muebles viejos y cosas que no se usaban. También la usamos para guardar herramientas, palas y picos de construcción, cortadoras del césped y otras pertenecías. Añadió, que esa casita no estaba habilitada para vivir nadie, concluyó el señor mostrando una leve sonrisa un sus labios.

El joven se notó visiblemente molesto por la contestación del señor y se cuestionó así mismo ¿porque este señor tenía que mentirle así? Sintió deseo de llamarle mentiroso. Pero optó continuar la conversación y demostrarle, que sus intenciones eran sanas y que había sido invitado por el profesor.

Vera usted, le dijo el estudiante, el profesor que yo le digo es el mismo que reside en la casita de la parte atrás de la residencia principal. Él es mi amigo y una vez yo visite su apartamento.

El estudiante, a pesar de que entendía que no tenía la necesidad de hacerlo, se aventuró a describirle al señor que cuando el visitó al profesor, se percató de los muebles que había en el apartamento del maestro. Y así las cosas, le dijo exactamente los muebles que contenía el apartamento. Le habló del escritorio, de la biblioteca recién comprada, de las cajas de libros por doquier, de los diplomas colgados en la pared. Y del el piso pintado de caoba reluciente y bien bonito.

También le habló de la cocina, la que aunque pequeña, allí se sentó junto al profesor y se tomaron un té de manzanilla que el maestro mismo preparo.

Desafortunadamente nunca le pregunte su nombre. Sé que es el padre de Maritza, la señora que vive en la casa principal con su esposo, que asumo sea usted. Sé que también usted tiene tres hijos, nietos del profesor, que de seguro son los que están jugando ahora mismo en el patio.

El pasado viernes, el profesor me invitó a su casa para la celebración de su cumpleaños. Dijo habrá una barbacoa. Y me prometió que yo pasaría un buen rato en familia con ustedes. Al llegar aquí, continuo explicando el estudiante, veo que están en el patio, en familia y usando la barbacoa. Aún no he visto al profesor pero no puedo creer estar equivocado.

Me resulta un tanto preocupante no encontrar el profesor aquí. Pero lo que más me preocupa es el pensar como usted pretende que le crea lo que acaba de decirme.

Yo entiendo, continuo el estudiante, (a la vez que le hacía ademán con la mano para no ser interrumpido), que usted no me conoce y no puede aventurarse a dar información privada a cualquiera que se presente a su casa, pero yo soy una persona decente y no creo necesario tener que presentar mis credenciales.

Que usted me diga que el apartamento del maestro no es así como le acabo de indicar, que esta inhabitable y lo peor del caso, que allí no vive nadie, es algo perturbador y cuestionable, concluyo el joven estudiante.

El señor permaneció en silencio, escuchando, observando y estudiando al joven mientras explicaba su posición, pero sin dar muestras de cambiar su postura.

El estudiante entonces, en su último intento para convencer al señor de sus bondades, le dijo que traía flores dedicadas a la hija del profesor, Maritza y exactamente tres juguetes para obsequiar a sus tres nietos.

¿No cree usted que todo lo explicado por mi merece un poco más de atención de su parte? Pregunto el joven agotando todos sus recursos.

El señor le contesto que sí, e inmediatamente abrió el portón, le extendió la mano al estudiante y le invito a pasar. Mientras ambos caminaban hacia el centro del patio donde se encontraban los niños jugando y la barbacoa, el señor, dirigiéndose en forma amigable al estudiante le comunico que hoy estaban celebrando el cumpleaños del padre de su esposa.

El estudiante le contesto que ya él lo sabía. Que el profesor mismo le había invitado a celebrar en familia su propio cumpleaños y por eso él estaba allí.

Bueno, dijo el señor, mi nombre es Eduardo.

Y el mío Orlando, dijo el joven estudiante. A la vez que le extendía su mano pare ser nuevamente estrechada por el señor Eduardo.

Ya pronto bajara mi esposa, dijo el señor. Cuando así lo haga, te la presentare. Aquí están mis tres hijos los cuales podrás conocer ahora. Acto seguido, llamo a los niños y se los presento, diciendo; "niños, el joven es un amigo de su abuelo"

La presentación a los niños como un "amigo de su abuelo" le trajo un alivio al estudiante. Fue con esa frase que se dio cuenta de que el señor le había creído. También pensó que el profesor pronto llagaría y al entrar en escena, todo quedaría aclarado.

Al estrechar la mano de los niños, aprovecho para entregarles los regalos y Eduardo aprovecho para buscar a su esposa. Mientras Eduardo fue a buscar a Maritza, el joven estudiante se quedó hablando con los niños mientras estos, alegremente abrían sus regalos.

El señor Eduardo tardo un rato hablando con su esposa Maritza. De seguro estaba explicándole lo extraño de la llegada del visitante, ya que el profesor no se encontraba para que hicieran el mismo las presentaciones.

De pronto llego Maritza la cual describió como una mujer de aproximadamente treinta y cinco años, tez blanca, pelo castaño, ojos azules y muy parecida a su padre.

Buenos días, dijo Maritza. Entiendo que conoció a mi padre y dice usted que el mismo lo invitó a compartir con nosotros la celebración de su propio cumpleaños. Sentimos mucho, continuó Maritza, que hoy el no pudiera estar con nosotros. De todas formas, como el no vendrá, acepte usted la invitación de pasar con nosotros un día familiar como fue, dice usted, el deseo de mi padre.

El estudiante le contesto que gracias, y acto seguido le extendió el regalo diciéndole, acepte usted este ramo de flores.

Maritza, dándole las gracias lo tomó en sus manos. Y, alcanzando un jarro de cristal que estaba cerca del lugar, le puso agua y le colocó las flores. Luego se sentaron a platicar mientras preparaban las cosas en la barbacoa.

Hablaron del trabajo de ello, de los estudios de él, de los niños y desde luego del profesor y de lo mucho que el joven estudiante había conversado y aprendido de él. Fue del maestro de lo que más se habló y el estudiante pudo materializar su deseo de conocer más de su héroe, el profesor.

Del maestro, supo muchas cosas. Donde nació, donde estudio, sus trabajos, sus hijos, hermanos de Maritza y su esposa ya fallecida.

El día transcurrió muy placentero para el joven estudiante. Gozó de un día familiar estupendo. Conoció a Maritza y a su esposo e hijos. También jugo a la pelota con los niños y compartió con todos, tal y como le prometió el maestro.

Solo falto el profesor, pensó para sí el estudiante. Pero a pesar de no haber estado presente, por alguna razón, pareció que el profesor estaba allí compartiendo en familia junto a todos, y así se lo comunicó a Maritza. Ante la observación hecha por el joven estudiante, Maritza se alegró mucho y rápidamente lo secundó.

En resumen, yo pude observar que hubo mucha "química" entre ellos y el joven fue tratado como un "invitado especial", tal y como se lo aseguró el profesor. Maritza y su esposo le tomaron mucho cariño, le extendieron confianza y hasta lo invitaron a pasar por su casa el viernes próximo, para según ellos "tratar un asunto importante relacionado a su padre".

El estudiante se sintió muy alagado y aceptó la invitación.

Cuando llegó la hora de despedirse, lo hizo con un fuerte abrazo a cada uno de ellos, incluyendo a los tres niños. Eduardo, el esposo de Maritza, le dijo que desde ahora en adelante esa era su casa y que por favor les visitara a menudo. El señor Eduardo también se excusó por el trato desconfiado que le dio a principio a lo que el estudiante le contestó que bajo las circunstancias del caso, desconfiar de un desconocido fue lo correctamente indicado.

Maritza, especialmente le dijo que su presencia le traía recuerdos de su padre. Y los niños, que habían simpatizado mucho con él, le rogaron que volviera.

También fue invitado a entrar a la residencia principal y allí entraron subiendo las escaleras por la parte atrás de la casa. Cuando finalmente se despidieron, el estudiante preguntó a Maritza cual es el nombre del profesor, ya que durante todo ese tiempo de conversaciones con él, nunca le había preguntado.

Maritza le contesto que su padre se llamaba, Miguel. También le indico que su padre siempre decía que "el nombre era solo un sello o distintivo sin importancia para identificar iguales entre sí". También le dijo que su padre siempre decía que al mismo Dios le llamamos de distintas formas. Y así las cosas le llamamos Dios, Ala, el Mesías, el Universo, la Visión Beatifica y otros tantos nombres en diferentes idiomas y distinciones.

Pero lo importante no es el nombre, dijo Maritza, si no el saber que "Él es el que es".

Correcto dijo el estudiante, es por ello que cuando una vez a nuestro señor Jesús Cristo se le pregunto quién él era, simplemente contesto: "yo soy el que soy" sin referir o mencionar nombre alguno.

Y así las cosas, bajó las escaleras. Al llegar a la acera, saludó esta vez con las manos y emprendió su camino de regreso. Durante el camino a su apartamento, el estudiante meditaba a intervalos, dejando su mente en blanco como le había ensenado su maestro.

También repasó mentalmente todo el momento que paso en casa de Maritza, desde que llego y tuvo la conversación con el señor Eduardo en el portón de entrada hasta que finalmente se despidieron en el balcón de la residencia principal.

Buscaba en la meditación, que algo que no entendía se aclarara, pero no dio con lo que era. Sintió la falta del profesor e indagó cual sería la razón de no estar presente en su propio cumpleaños. Notó que no hubo bizcocho y no le cantaron el tradicional "feliz cumpleaños".

Pero lo más que le impactó fue que el profesor no le dijo a su familia de su invitación. Máxime después que el mismo profesor le había dicho que el seria el "único y especial invitado".

Llego a su apartamento, se dio un baño caliente. Luego se acostó en la cama y se quedó profundamente dormido.

Capítulo Cuarto
El día después del cumpleaños del profesor

A la mañana siguiente del sábado, al despertar después de la actividad en casa de Maritza, el joven estudiante decidió tomar su desayuno en un pequeño restaurante frecuentado por estudiantes a dos cuadras de su residencia. Más tarde, como a las diez de la mañana regresó a su hospedaje, leyó el periódico y repasó varios tópicos de sus clases universitarias.

Recordó que Maritza y su esposo Eduardo le invitaron a pasar por su casa el próximo viernes para tratar "un asunto importante relacionado a su padre", que finalmente supo se llamaba miguel.

Por el momento pensó que el profesor estaría enfermo y por eso se ausentó el día de su cumpleaños, pero esa posibilidad fue descartada de inmediato toda vez que no hubo ningún indicio de tristeza de parte de ellos aquel día. Dejo su pensamiento recorrer atreves de todo lo ocurrido aquel día de la barbacoa, y no pudo dar con nada que ofreciera alguna luz a lo que posiblemente seria "el asunto importante a tratar con relación al profesor".

Decidió que no haría contacto alguno con el profesor esa semana para evitar comunicarle al maestro que el próximo viernes estaba invitado por su hija a su casa. Pensó que hacia la correcto toda vez que lo que Maritza catalogo como, "un asunto importante relacionado con su padre" muy bien podría ser algo confidencial relacionado al profesor.

Luego pensó en meditar, cosa que ya estaba haciendo, según las instrucciones del maestro. El tema de la meditación y el resultado favorable que he tenido seria discutido con el profesor, otra vez, a su debido tiempo, dijo para si el estudiante.

Se acomodó en la butaca y cuando logro asumir la posición apropiada y relajarse, anotó la hora en un papel para tener "record" o comprobante del tiempo que pasaría de visita en ese mundo astral y espiritual, que cada momento conocía más.

Cerró los ojos y se dispuso a meditar. Notó que durante los primeros dos o tres minutos le costó dificultad entrar en el espacio entre los pensamientos. Su mente fue evadida con pensamientos del examen próximo que tendría en la universidad, y la visita programada con Maritza. Finalmente logró dejar la mente en blanco, y entró de lleno en la meditación.

De pronto sintió una especie de "clic" en sus oídos y quedo completamente desconectado de todo ruido externo. Empezó a experimentar un completo silencio y una sensación de extrema tranquilidad. Así permaneció por tiempo indefinido, sin pensar completamente en nada. No pensó en sus estudios, ni en Maritza ni en el profesor. Tampoco pensó en sus amigos, compañeros de estudios ni en algún miembro familiar. Mucho menos pensó en cosas malas ni buenas. Tampoco pensó en Dios. Esto es así porque al entrar en la meditación no podemos pensar en nada ni en nadie, hasta dejar la mente en blanco.

Mantuvo la mente a raya y totalmente controlada. No dejo que la mente lo dominara.

Recordó que la facilidad para entrar en el espacio entre los pensamientos dejando la mente en blanco se obtiene con el conocimiento y el control de la mente.

Debes saber que la mente es un instrumento para tu servicio pero si no la conoces bien puede llegar a controlarte y hasta esclavizarte. Por eso es que decimos que al librarnos de la mente, somos libres. Por eso es necesario conocerla y siempre mantener la mente sometida al intelecto. Por eso debes siempre alimentar tu intelecto con buen conocimiento y recordar que la mente le sirve mejor al que mejor tiene el conocimiento.

El joven estuvo meditando un rato indefinido. Cuando se dispuso a salir de la meditación, empezó a pensar y se rindió a su mente. Lo primero que pensó fue en la hora que inicio la meditación y recordó que anotó las once y siete minutos. Asumió que había estado meditando diez minutos y abrió los ojos.

Al revisar el tiempo que permaneció en la meditación quedo sorprendido de que la misma había durado una hora con aproximadamente tres minutos. Su reloj marcaba las doce con diez minutos.

Recordó lo que le dijo el profesor de que al meditar nos incursionamos en el campo astral, espiritual donde las cosas, al no ser afectadas por el tiempo ni el espacio, no suceden en tiempo determinado, sino que simplemente ocurren sin que corra tiempo alguno. Pero al salir de la meditación y regresar al mundo material, donde estamos afectados por el factor tiempo y espacio, es menester aceptar que estábamos sentados en esa silla por un tiempo que se puede medir en segundos, minutos, u horas.

Capitulo Quinto
Segunda visita a casa de Maritza

El joven estudiante llegó a la residencia de Maritza a la hora indicada. Maritza y su esposo lo recibieron en la puerta. Lo invitaron a entrar, se sentaron en la sala y empezaron hablar. Luego de media hora de conversación, Maritza le dijo al joven que la razón de su invitación era para "hablar de cosas importantes relacionadas a su padre".

A manera de introducción, Maritza, le dijo al estudiante que tanto ella como su esposo quedaron un tanto impresionados por el hecho de que su padre tenía un amigo, que era él.
Y que además, lo había invitado a su casa a celebrar el día de su propio cumpleaños.

El joven estudiante le contesto que el paso un buen rato con ellos, pero qué extraño mucho la ausencia de su padre, don Miguel. También le dijo que sintió mucho que su padre no le notificara a ella de su invitación a la fiesta de su cumpleaños y quisiera saber si ella le había preguntado al profesor por qué el profesor había olvidado ese importante detalle.

El estudiante también le preguntó a Maritza si el profesor estaba en su apartamiento del patio y se encontraba bien y porque no pudo estar en su propia fiesta de cumpleaños.

Maritza, a la vez que mostraba cara de preocupación por la forma en que el joven estudiante tomaría su explicación le dijo que su padre no pudo estar con nosotros ese día así como tampoco estará con nosotros hoy por razones obvias. Veras, prosiguió Maritza, mi padre pasó a mejor vida y ya no estará más con nosotros.

El estudiante sobresaltado se puso de pie. Dijo que no entendía. Y acto seguido pregunto ¿cuándo el profesor había fallecido?

Mi padre murió hace cuatro años, contesto Maritza y el joven en tono molesto le contesto que eso era imposible.

Maritza, ante la apariencia molesta del joven, opto por no contradecirlo y permaneció en silencio dándole tiempo al estudiante recobrar su compostura. Cuando el joven recobró la calma se puso de pie y dirigiéndose a Maritza y a su esposo les dijo, que si bien es cierto que estaba sumamente contento por lo bien que había sido tratado por ellos durante el día de la barbacoa, hoy se sentía un tanto molesto porque el esposo de Maritza, le dijo que el profesor "no habitaba la residencia en la parte atrás de la casa principal" y hoy ella, Maritza, le dice que "el profesor había fallecido hacia cuatro años."

Su actitud, dijo el joven, es desconcertante y cruel y usando un tono enérgico le dijo que era imposible que él pueda creer que el profesor no vive allá en la casa del patio porque él fue invitado por el profesor a su apartamento y él estuvo allí. Y mucho menos que haya fallecido, nada menos que cuatro años atrás . . .

Por eso, dijo el estudiante, no tiene caso el que yo continúe en esta casa por más tiempo, y debo marcharme inmediatamente. Y añadió, si ustedes no desean mi amistad con el profesor y lo han escondido o no sé qué, está bien. Pero inventar esas historietas ridículas es algo que no puedo tolerar, dijo el joven extremadamente molesto.

Ante la molestia visible del estudiante, el esposo de Maritza le dijo que se calmara, que lo sentía mucho y que si algo podía hacer en esta situación que lo dijera ya que él estaba en la mejor disposición de cooperar en lo que fuera.

Maritza se puso nerviosa y su marido le hizo señas de que se apartara del joven estudiante y dejara que el bregara con la situación. Maritza no abandonó la sala donde estaban pero se apartó un poco del estudiante para no demostrar miedo, o que el pensara que se le estaba considerando como una persona fuera de control o peligrosa.

El joven se dio cuenta de las medidas de precaución que inteligente los esposos estaban tomando. También reconoció que estaba en una residencia ajena. Aceptó que estaba en una situación que no entendía y tenía que calmarse, y así lo hizo.

Luego de auto calmarse le contesto al esposo de Maritza que si en verdad él estaba siendo honesto, había una cosa que podía hacer por él.

El esposo de Maritza, el señor Eduardo, le dijo al estudiante que él siempre lo ha tratado con honestidad y que de verdad estaba ahí para cooperar con él en lo que fuese necesario.

El joven le dijo al señor Eduardo que había una cosa que él podía hacer y eso era que lo llevara hasta el apartamento del profesor donde él había estado con el maestro en una ocasión anterior, cuando por primera vez lo visito.

El esposo de Maritza accedió a llevarlo. Y se excusó un momento para buscar la llave de la casita, ubicada en la parte de atrás de la residencia principal. Al regresar con la llave en la mano, el joven noto que la misma estaba en un llavero muy distinto al llavero del profesor. Este llavero solo tenía una llave y la misma era muy distinta a la que una vez el mismo uso para abrir la puerta del apartamento del maestro.

Vamos, dijo el esposo de Maritza, no sin antes advertirle al joven que si el hacía esto, era porque entendía que él no era un desajustado emocional y que no podía marcharse en la condición que estaba sin antes recibir explicación adicional y convincente a la materia que se estaba tratando en ese momento.

Maritza al verlo un poco calmado le dijo que ellos también estaban tan asombrados sobre este asunto como lo estaba el. Aprovecho para pedirle encarecidamente que guardara la compostura tal y como ellos lo estaban haciendo, desde el día que él se apareció diciendo haber sido invitado por su padre muerto . . .

Y si iban a mostrarle la casita de atrás, era porque entendían que él tenía derecho a ello, le advirtió Maritza al joven, que ya empezaba a dar muestra de control.

También le advirtió, que debía de creerles a ellos cuando le decían que su padre murió hace cuatro años. También debe creernos cuando decimos que el día de la barbacoa se estaba celebrando precisamente el cumpleaños de su padre, don Miguel, tal y como siempre lo celebraban cuando él estaba vivo y luego de su fallecimiento cuatro años atrás.

Por eso, interrumpió Eduardo el esposo de Maritza, cuando tú te apareciste diciendo que el profesor te había invitado fue algo sorprendente para nosotros. Realmente no fue "cascara de coco" y por eso aceptamos tu invitación a nombre de su querido padre, don Miguel.

Aceptar que fuiste invitado por su padre era lo menos que podíamos hacer por ti en aquella ocasión, dijo el esposo de Maritza. Y hoy vamos a ensenarte la casita, porque eso es también lo menos que hoy podemos hacer por ti. Pero la realidad es que la casita de atrás, no está preparada para ser habitada por nadie y nunca fue ocupada por el padre de Maritza.

La frase empleada por el señor Eduardo de que "eso no era cascara de coco" le resulto muy familiar porque ampliamente corroboro al profesor cuando se refirió a su yerno frente a estas cosas de lo no conocido. Pero también le dio más seguridad de que el profesor realmente estaba vivo y por alguna razón inexplicable lo estaban escondiendo.

Esperare a llegar al apartamento del profesor, dijo el estudiante para sí. Pienso que aunque hayan tenido tiempo de esconder el mobiliario del apartamento del profesor, siempre dejaran alguna huella. Allí probare mi punto de vista y veré cual es la posición que Maritza y su esposo tomaran cuando los confronte con la verdad, pensó el joven estudiante.

Por otro lado, Maritza continuaba hablando de su padre: Mi padre, dijo Maritza, era una persona muy espiritual. Siempre nos enseñó que el ser humano era la creación más bonita hecha por Dios, con todos sus atributos y potencialidades. Nos enseñó también que todos somos iguales, no tan solo ante Dios, si no que nuestros componentes materiales son idénticos. También nos enseñó a meditar, y en esta casa todos meditamos incluyendo a los niños.

Mi padre fue una persona positiva. Creía que el hombre goza de divinidad y por lo tanto, podía crear postulados que luego se realizarían en el plano material. Decía que ante una enfermedad no se puede tratar solamente el cuerpo e ignorar el alma. Daba importancia a la curación holística y la practicaba con nosotros eficientemente . . .

Conociendo a mi papa, yo no dudo que él se le presentó a usted de una forma u otra. Ya que en mi caso, él se me presenta de vez en cuando. Pero siempre en una forma suave, impersonal y especial. Y nunca he sentido miedo alguno, concluyó Maritza.

En el caso suyo, continuó Maritza, es realmente increíble que él se le presentara varias veces y hasta conversara con usted en forma sucesiva. Con temas que continuaban en conversación organizada, y por periodos de tiempo más o menos largo.

Por otro lado, continúo Maritza, pensamos que usted es una persona sensitiva. Que no teme a lo desconocido y acepta conocer e incursionarse en las cosas del universo astral, como decía mi padre. Entendemos nosotros que de no ser usted así, ya se hubiera desmayado o estuviera completamente loco o en vías de ser internado en un hospital de psiquiatría.

Ahora, dijo Maritza, le pedimos que tenga la mente abierta, que no tenga miedo a lo desconocido. Porque como dice mi marido, estas cosa "no son cascara de coco" queriendo decir que estas cosas no son fáciles de entender, pero son ciertas.

El joven se sintió más seguro con la forma tan clara e inteligente que Maritza y su esposo afrontaron el problema y lo bien que le explicaron la forma de bregar con esta situación tan delicada. Realmente se sintió que no estaba solo y que lo que le estaba sucediendo a él, también le estaba sucediendo a ellos en forma simultánea. Y ellos lo estaban ayudando a él a comprender y aceptar la situación sin que le causara grave daño emocional.

Y por último, que la información por conocer, si era verdad lo que le estaban diciendo, no se saliera de sus manos.

Luego el joven pidió un vaso de agua, se sentó y se lo tomó lentamente sin ser interrumpido. Más tarde cuando se sintió más calmado, aunque sostenía sentimientos encontrados, pidió ver el apartamento del profesor, y Maritza y su esposo accedieron.

Bajaron las escaleras y se dirigieron hacia la casita del patio, detrás de la residencia principal. Al bajar las escaleras el joven se sintió muy triste, sus rodillas le empezaron a temblar. Quizás porque se disponía a visitar por segunda vez el apartamento del profesor o por la incertidumbre de lo que posiblemente encontraría en la casita.

Una vez se encontraron frente a la puerta de entrada, el joven sintió que en verdad él había estado allí frente a la misma puerta, acompañado del profesor y por primera vez se sintió mas seguro de poder probarle a Maritza y a su esposo la realidad de que él había estado anteriormente en ese lugar.

Maritza abrió la puerta y entraron.

Una vez dentro del apartamento, el esposo de mariza localizó el interruptor de la luz que estaba (no al entrar) si no en la pared interior de la casita, y la encendió.

Para sorpresa del joven estudiante, rápidamente pudo darse cuenta que la situación dentro del apartamento era completamente distinta, a lo que había visto antes y esperaba ver ahora.

La casita estaba llena de cosas viejas y cachi-baches, tal y como dijo el esposo de Maritza. También habían herramientas, palas y picos de construcción, cortadoras de yerba y otros muebles viejos. El piso no era el mismo que el joven estudiante había visto. Ni estaba pulido ni pintado de barniz, como él lo vio aquel día que lo visito junto al profesor. El escritorio del profesor, la silla y la butaca brown y reluciente no estaban. Tampoco se encontraba la biblioteca ni las cajas con los libros.

Tampoco daba muestras de que esos muebles habían estado allí en alguna otra ocasión cercana. La casita tampoco tenía una cocina, ni estufa, ni nevera, ni servicio de agua. Tampoco estaba limpia ni las paredes pintadas. Mucho menos preparada para ser habitada por nadie.

Ante tanta incongruencia, el joven se puso pálido. No pudo articular palabras por un momento. Parecía estar más desconcertado que Maritza y su esposo. Se mostró intranquilo. Caminó de un lado para otro dentro de la pequeña habitación, sintió que su presión sanguínea estaba muy acelerada y albergo la idea de salir corriendo.

Maritza le pidió que se sentara y se calmara. A lo que el joven sin protestar se sentó en una caja de cartón polvorienta, que encontró a su lado y Maritza le sacudió ligeramente con sus manos.

Por un rato estuvo el joven recorriendo con su mirada cada rincón de la pequeña casita buscando quizás algún indicio que le revelara el haber estado allí en algún momento pero tuvo que aceptar la triste realidad de no haber estado allí nunca antes.

Luego pidió excusas a Maritza y a su esposo, agradeció las deferencias que para con él habían tenido y pidió que por favor, le acompañaran a la puerta para irse. Deseaba llegar a la calle para salir corriendo como un loco y no parar hasta llegar bien lejos.

Salieron de la casita del patio. Apagaron la luz. Cerraron la puerta y emprendieron el viaje de regreso. El joven se mantuvo delante como a uno o dos cuerpos de ventaja de Maritza que caminaba delante de su esposo, Eduardo. Subieron las escaleras y a entraron a la residencia principal por la parte de atrás. Una vez dentro de la residencia Eduardo le pidió al joven que tenía que sentarse un rato hasta calmarse. Maritza le ofreció un té al estudiante y el joven aceptó preguntando si tenían té de manzanilla.

Maritza contestó en la afirmativa y añadió que ese era él te favorito de su padre.

El esposo de Maritza, viendo el estado emocional del joven le pidió que no se fuera tan temprano y Maritza le ofreció que se quedara adormir esa noche en el cuarto que ellos tenían disponible para huéspedes. Le enfatizó que no era conveniente que estuviera solo esa noche en su hospedaje. Y el joven complacido aceptó quedarse.

Después de todo, dijo Maritza, usted es un amigo especial y ahora más que nunca tenemos una razón poderosa para mantener y preservar la amistad, con quien de una forma tan inexplicable, había conocido a su querido padre fallecido, don Miguel.

Sobre esas palabras, el joven recordó lo que le había prometido el profesor, de que le aseguraba "que pasaría un buen rato entre familia con su hija Maritza, su esposo y sus tres hijos". Y eso, continuo recordando el joven estudiante, estaba sucediendo.

Cuando se fue a la cama, le fue difícil conciliar el sueño. El estudiante no sabía qué hacer ni en que pensar. Recordó que su madre siempre le decía que ante cualquier adversidad, que se acostara, "que mañana seria otro día y todo se resolvería". Reconoció que algo extraño le estaba sucediendo. Pensó que estaba soñando y que mañana al despertar, tal y como le decía su mama, "todo quedaría resuelto". Entonces buscaría al profesor y se lo contaría, y todo volvería a la normalidad.

Pensó también que si esto que le estaba pasando ahora en casa de Maritza era en si la realidad, y lo anterior con el profesor fue simplemente un sueño, mañana igualmente despertaría a otra realidad y con eso él tendría que bregar.

Le chocaba y no podía entender que la experiencia con el profesor duro muchos instantes, varias confrontaciones y numerosas conversaciones que se extendieron por muchos meses. No podía entender como la duración de meses de esa experiencia con el profesor, pudo no haber sucedido en realidad.

Finalmente trató de confortarse recordando lo que el profesor le había enseñado que como los sueños, al igual que los pensamientos se dan en el ámbito astral, en el campo espiritual donde uno no es afectado por el tiempo ni el espacio, es posible que toda esa interacción con el profesor haya pasado en un instante . . .

Pero al ser traída esa experiencia al universo material que tuvo con Maritza y su familia, la mente nos hace creer, que la experiencia con el profesor pareció haber sido de mayor duración.

De todas maneras, esperare a que despierte mañana y veré a qué atenerme, pensó el estudiante, mientras se cubría con la sabana blanca de su cama, y depositaba la parte derecha de sus cienes, en la parte izquierda de la almohada. A los diez minutos el joven se quedó dormido, pensando en las palabras de su madre de que "mañana será otro día que todo resolvería".

Capitulo Sexto
Despertar en casa de Maritza

Al día siguiente, a las 8:30 am, sintió el ruido de los niños ya jugando en el patio, y eso lo despertó. Al abrir los ojos confrontó la realidad de que no estaba soñando. Estaba en casa de Maritza. Al despertar se sintió relajado. Recordó las advertencias tan acertadas de su madre cuando ante cualquier adversidad le decía "que se acostara y que mañana al despertar todo se resolvería". En realidad, al despertar al otro día, todo estaba resuelto y no había marcha atrás. Luego se sentó en la cama y se puso a pensar.

El joven entendió claramente que lo experimentado con Maritza la noche anterior, se dio en el ámbito de las cosas materiales. Pensó que como toda experiencia material es afectada por el tiempo y el espacio, la misma duro una semana. Desde que llego aquel viernes a la actividad de la barbacoa hasta el otro viernes por la noche cuando se acostó en el cuarto de huéspedes en casa de Maritza, y se quedó dormido.

Por otro lado, lo experimentado con el profesor tuvo lugar en un ámbito más elevado, más sublime, en el ámbito espiritual. Y como allí nada es afectado por el tiempo ni el espacio, lo ocurrido entre él y el profesor, que aparentemente se extendió por meses, solo duro un instante.

Pensó que lo ocurrido entre el profesor y el, fue única y exclusivamente entre los dos.

De nuestra conversación, dijo el estudiante para sí, no surgió ningún testigo. Por eso, pensó el estudiante, si yo contara lo sucedido a un amigo dirían que estoy loco y no me creerían. Solo Maritza y su esposo me han creído. La realidad es que con ellos, tengo bastante.

Nunca fui con ningún amigo a conocer al profesor. Nunca lo vi junto a terceras personas y la única intervención con nuestra conversación, fue el pordiosero aquel que nos pidió que le diéramos algún dinero para comer. Ahora entiendo que la aparición del pordiosero fue también en el ámbito astral, motivado por el universo para usar su presencia en la discusión del tema, de que todos somos iguales ante Dios.

Pienso que si nosotros aprendiéramos a tomar con seriedad los sucesos espirituales que nos pasan, podríamos tener en ellos un manantial de recursos sobre naturales a usar para nuestro uso y disfrute en esta vida, que llamamos material. Ahora comprendo porque el profesor insistía en que no debemos negarnos acceso a lo desconocido.

Después del estudiante analizar todo lo ocurrido reconoció claramente que fue objeto de experiencias astrales de las cuales no puede negar que se sintió más en comunicación con su ser interior, con su parte espiritual, con Dios. Después de todo, tenemos que aceptar que el ser humano es un ser espiritual que tiene experiencias materiales. Es pues menester reconocer que este tipo de experiencias son tan normales como lo son las experiencias llamadas espirituales.

Luego se puso de pie, fue al cuarto de baño y se aseo un poco. Allí uso artículos de higiene que para tal efecto le proporciono Maritza. Al salir del cuarto de baño ya estaba preparado para confrontar a Maritza, a su esposo y a los niños.

Al ver a Maritza en la cocina la saludó y luego a su esposo que salía de su dormitorio, justo cuando el salía del suyo. Maritza le indicó que el desayuno ya estaba servido. Llamó a los niños y los invitó a todos a sentarse a la mesa. Mientras desayunaban, el tema sobre los niños ocupó la mayor parte de lo conversado. Jamás intentaron mencionar la experiencia de la noche anterior frente a los niños.

Al terminar el desayuno los niños se fueron al patio a continuar su juego, Maritza se puso a limpiar la cocina mientras su esposo recogía la mesa y llevaba los platos y utensilios al fregadero.

Luego pasaron a la sala, pero ninguno de los tres se atrevió a tocar el tema de la noche anterior. A las diez y media el joven estudiante dio las gracias por las atenciones y comprensión recibida y expresó su deseo de marcharse. Se puso de pie, saludó con fuerte abrazo a los esposos, pidió lo despidieran de los niños y bajó las escaleras lentamente y con tristeza, como el que regresa de un funeral o como quien se desprende de algo muy querido.

Tenía sentimientos encontrados. No sabía que hacer o que sentir. Al bajar lentamente las escaleras volvió a embargarle la tristeza y sintió deseos de llorar. Continuó bajando las escaleras, con un nudo en la garganta y el corazón un tanto desgarrado. Antes de llegar a la acera, sin poder evitarlo, lagrimas bajaron también por sus mejillas. De pronto pareció perder el balance pero se sujetó fuertemente de los pasamanos de las escaleras para evitar caerse.

Maritza y su esposo que lo observaban del balcón se inclinaron a ir y socorrerlo pero el estudiante, sin poder mirarlos, le indicó con las manos que no lo hicieran, que todo estaba bien y que no se preocuparan. Al poco rato el joven recobró su balance y continúo bajando las escaleras. Al llegar abajo, ya en la acera, sin poder mirar a Maritza y a su esposo, porque estaba llorando, saludó nuevamente con las manos y emprendió a la ligera su camino calle arriba. Maritza y su esposo bajaron las escaleras apresuradamente hasta llegar a la acera para seguir observando al joven estudiante y darle asistencia de ser necesario. Pero el joven continúo su caminar apresurado sin mirar atrás.

Al llegar a la esquina dobló a la izquierda, se limpió sus lágrimas y redujo su caminar a uno muy lento y pensativo. Paso la escuela superior, a su izquierda, y más adelante un teatro a mano derecha y llego a la plaza de recreos. Al pasar por el banco aquel donde entendió haber estado sentado tantas veces con el profesor, deseó sentarse en él, pero no pudo. El mismo estaba ocupado por tres personas que conversaban en familia alegremente. Una cosa que le llamó mucho su atención fue que por primera vez vio el banco aquel tan especial, ocupado por alguien distinto al profesor.

Continuó su marcha a su hospedaje y al llegar, rápidamente se sentó junto a su escritorio de estudiante. Se quedó en silencio mirando fijamente al piso, con los ojos bien abiertos, sin pestañar y sin articular palabra alguna. En esa posición estuvo un largo rato.

Luego se puso de pie, se quitó los zapatos, se desprendió de su camisa y la dejo caer lentamente en el suelo mientras caminaba hacia el cuarto de baño. Allí tomo una ducha caliente. Más tarde se recostó en su cama, se cubrió la cara con su almohada y otra vez volvió a permanecer así por largo rato.

No sé si el estudiante lloraba o quizás el joven se quedó dormido.

Al final del semestre universitario el joven regreso a su pueblo natal junto a su familia. Dos meses después regreso a terminar su último año de clases en la universidad. Durante la continuación de sus estudios, jamás volvió a visitar la plaza de recreos ni a pasar frente al banco aquel tan especial. Pero siempre visito a Maritza y compartió con su esposo y sus tres niños.

Finalmente termino sus estudios universitarios y se graduó. Maritza, su esposo y los tres niños fueron invitados y gustosamente asistieron a su graduación. Más tarde se marchó del pueblo. Logró conseguir un trabajo en la capital y allí permaneció trabajando por más de cuatro años.

Siempre mantuvo la amistad con Maritza y cuando tuvo a la oportunidad, siempre los visitó y compartió con ella y su esposo y con los niños, que cada día iban creciendo en inteligencia y estatura y pareciéndose más al profesor. Y aunque siempre fue invitado por Maritza a pasar otro día en familia con ellos, durante la acostumbrada celebración del cumpleaños del profesor, por alguna razón inexplicable nunca aceptó la invitación.

Pero una noche el joven, que ya no era estudiante, llegó al pueblo natal del profesor y pasó por la plaza de recreos, donde por tantas veces platicó con el maestro. Al ver la fuente de lejos, la notó encendida y sintió la atracción de ir hacia ella . . .

Las luces multicolores y sus ciento veinte y ocho chorros de agua se elevaban a lo alto de la fuente cambiando sus matices, a medida que las luces cambiaban su colorido esplendor. Notó también, como en anteriores ocasiones, que las cuatro imponentes figuras de leones estaban empapadas de agua y le daban una especie de frescura y movimiento a la noche.

Se fue acercando más y más a la fuente y al ver que en el banco aquel tan especial no había nadie, se aventuró y a él fue, y lentamente se sentó.

Allí sentado recordó del profesor sus enseñanzas y otra vez sintió su presencia en el ambiente.

Habían pasado más de cuatro años, pensó el joven, y el recuerdo del profesor parecía intacto. El estar sentado en aquel banco, no sintió miedo alguno. Allí solo sintió un cariño y un amor intenso y verdadero . . .

Respiro profundamente aquel momento y mentalmente expresó al profesor las gracias por todo lo enseñado y la oportunidad de lo vivido. Y recordó este momento con la misma intensidad de aquel pasado . . .

Como ahora estaba solo, se movió hacia el centro y extendió sus manos a lo largo del banco. Para su sorpresa, se encontró con un llavero que pensó alguien distraídamente había olvidado . . .

Al estudiar el llavero detenidamente pudo percatarse de que el mismo consistía de una cadenita blanca de esterlina con broche de oro de 18-k y contenía tres llaves: una azul, otra blanca plateada y la tercera era una llave vieja, antigua, color oro desgastado.

Fin

Esta foto de "el banco aquel tan especial" fue tomada por el mismo autor del libro. Al momento te ser tomada la foto el banco estaba desocupado, limpio y sin ningún objeto material encima. Pero por alguna razón inexplicable, cuando la foto fue revelada, apareció en el mismo centro del banco una luz verde turquesa. Es plausible pensar que la misma es el reflejo de una de tantas otras luces en el entorno. Aun así no tenemos explicación científica de el porque el reflejo se dio "justo en el mismo centro del banco".

Visitamos el mismo banco en busca de algo impregnado en el material del mismo que, desde el ángulo desde donde se tomo la foto, nos indicara el motivo de tan interesante reflejo. El resultado fue negativo.

El banco aquel tan especial

Este libro nos ha demostrado que todo esta hecho de energía divina que nosotros no podemos percibir porque estas vibran a una frecuencia tal que escapan a las capacidades que tenemos de percepción humana. Aun así no podemos negar que el lente de la cámara fotográfica pudo captar la luz que se reflejo, de lo que sin lugar a dudas se encontraba "justo en el mismo centro del banco".

El autor se inclina a concluir que en consideración a los temas tratados en este libro y la forma en que los mismos se fueron desarrollando, el reflejo de luz fue motivado por el llavero del profesor dejado ahí en calidad de regalo para su querido estudiante.

Notas Sobre el Autor

Posee BA, y Doctorado en Derecho Universidad Católica; Cursos MPA Universidad Nueva York; Adiestramiento Auditoria y Meditación en SCIENTOLOGIA. Trabajo como Profesor Escuela Secundaria, Oficial Empleos, Consejero Profesional, Auditor Beneficios Veteranos, Coordinador Adiestramiento, Trabajador Social, Investigador Federal, Especialista Discriminación y Derechos Civiles.(US.EEOC). Miembro Club Leones, Fraternidad Phi Épsilon Chi, Asociación Paracaidista, Expresidente IMAGE.

Casado, siete hijos, retirado, escritor y reside en Puerto Rico.